Nikolaus B. Enkelmann
Die Säulen des Erfolgs

Nikolaus B. Enkelmann

Die Säulen des Erfolgs

Wie man aus sich und seinem Leben das Beste macht

Bibliografische Information der Deutschen Nationalbibliothek

Die Deutsche Nationalbibliothek verzeichnet diese Publikation
in der Deutschen Nationalbibliografie; detaillierte bibliografische
Informationen sind im Internet über http://dnb.d-nb.de abrufbar.

ISBN 978-3-86936-177-2

Lektorat: Claudia Lange, Renningen | www.bookpartner.de
Umschlaggestaltung: Martin Zech Design, Bremen | www.martinzech.de
Umschlagfoto: dc_slim / fotolia
Satz und Layout: Das Herstellungsbüro, Hamburg | www.buch-herstellungsbuero.de
Druck und Bindung: Salzland Druck, Staßfurt

© 2011 GABAL Verlag, Offenbach

www.gabal-verlag.de
www.twitter.com/gabalbuecher
www.facebook.com/Gabalbuecher

Inhaltsverzeichnis

5. Erfolg als Verpflichtung

1. Die Gesetze des Universums

Vom Urknall bis zum selbstgesteuerten Individuum

Erfolg ist die Fähigkeit zu überleben. Das ist eines der elementaren Naturgesetze, die seit dem Urknall gelten. Seit jenem Augenblick wächst das Universum unaufhörlich. Nichts bleibt, wie es war, alles verändert sich. Ständig. Und jedes Tier, jeder Baum, jede Pflanze auf unserem Planeten ist ein Erfolgsmodell – das als vorläufiges erfolgreiches Endergebnis aus einer schier endlosen Reihe von Veränderungen, Weiterentwicklungen und Katastrophen hervorgegangen ist. Alles in der Natur wächst und entwickelt sich. Nichts ist heute so auf unserer Erde, wie es vor Millionen von Jahren war. Denn alles, was lebt, unterliegt dem Gesetz der Veränderung. Auch der Mensch.

Jeder von uns ist ein Werdender. Niemand von uns ist heute noch das Baby, das Kleinkind, der Teenager oder der Mensch, der er noch gestern war. Wir sind das vorläufige Endergebnis unserer persönlichen Entwicklung. Und wir alle entwickeln uns ständig immer weiter – mit oder ohne unser Zutun. Jeder hat die Wahl, ob er sich selbst und seine Weiterentwicklung wie ein Blatt im Wind den Zufällen des Lebens überlassen möchte – oder ob er das Steuerrad seines Lebens in die eigene Hand nehmen und die Richtung selbst bestimmen möchte.

Wir entwickeln uns ständig weiter – mit oder ohne unser Zutun

Wir können nicht *nicht* beeinflusst werden, aber wir können entscheiden, wovon wir uns beeinflussen lassen. Jeder Mensch hat die Chance, der Meister seines eigenen Lebenswegs zu sein und als selbstgesteuertes Individuum zu einem Erfolgsmodell auf diesem Planeten zu werden.

Mit der Kraft des Unterbewusstseins die eigenen Fähigkeiten entfalten

Viele Menschen haben sich die Gesetze der Natur zunutze gemacht, um die Möglichkeiten der Persönlichkeitsentwicklung zu erforschen und umzusetzen. In allen Kulturen und zu allen Zeiten gab es kluge Menschen, die davon überzeugt waren, dass es in der Macht jedes Einzelnen liegt, sein Schicksal in die eigene Hand zu nehmen und die Richtung seines Lebens selbst zu bestimmen. Philosophen und Weisheitslehrer in Griechenland, China oder im Orient machten sich bereits Gedanken über die ungeheuren Kräfte und Fähigkeiten des menschlichen Unterbewusstseins, als in vielen Regionen Europas Menschen noch in Höhlen lebten und das tägliche Überleben ihr Denken prägte. Immer gab es in der Welt Religionen, Philosophien und Systeme, die das Ziel hatten, den Menschen zu höherer Weisheit zu führen und ihn dazu zu bringen, seine Fähigkeiten zu entfalten.

In Indien wird das Denken der Menschen bis heute vom Kastensystem beeinflusst. Die Menschen, die in einer bestimmten Kaste geboren werden, bleiben zeitlebens darin. Sie haben keine Chance, in eine höhere Kaste aufzusteigen und ein besseres Leben zu führen als das, das ihnen von Geburt an zugewiesen wurde. Doch da sie an die Wiedergeburt glauben, suchen sie die Belohnung für ein vorbildliches Leben im Wiedergeborenwerden in einer höheren Kaste. Wir glauben nicht daran, dass wir uns durch Wiedergeburt höher- und weiterentwickeln können. Unsere einzige Chance besteht darin, uns in diesem Leben weiterzuentwickeln, wenn wir nicht da stehen bleiben wollen, wo wir sind.

Die Früchte des Erfolgs

Das wichtigste Naturgesetz ist das Gesetz des Wachstums. Alle großen Philosophen und Weisheitslehrer der Geschichte haben sich auf dieses Gesetz berufen. Es ist das Erfolgsgesetz, das uns die Natur zur Verfügung gestellt hat und das jedem Menschen kostenlos zur Verfügung steht. In jedem Frühjahr blühen die Bäume, sie wachsen und tragen Früchte. Das ist Erfolg. Auch der Mensch, der sich entwickelt und die Früchte des Erfolgs hervorbringt, lebt dieses Gesetz des Wachstums. Schon in der Bibel steht geschrieben: »Den guten Baum erkennt man an seinen Früchten.« Leben heißt wachsen. Immer und überall. Die Bäume in China wachsen nach den gleichen Gesetzen wie hier in Europa. Deshalb hat jeder Mensch die Aufgabe, ja sogar die Pflicht, zu wachsen, zu blühen, sich weiterzuentwickeln und die Früchte des Erfolgs zu tragen.

Leben heißt wachsen.

Für den Erfolg dieses Wachstumsprozesses ist es dabei unerlässlich, seine Kräfte zu bündeln. Auch ein Baum lebt aus der Kraft seiner Wurzeln. Und er benötigt sehr starke Wurzeln, um Stürme zu überstehen, er benötigt Wurzeln, die weit in die Erde reichen, wo sie im Sommer jeden Tag bis zu 80 Liter Wasser aus der Tiefe bis in die Krone ziehen. Eine starke, volle und prächtige Krone bekommt nur ein Baum, der sich selbst mit genügend Energie versorgen kann, die er aus seinen Wurzeln holt. Diese Kraft, die Stabilität und Sicherheit verleiht, ist auch für den Menschen unverzichtbar, wenn er im Leben Standfestigkeit zeigen und die Zufuhr von Energie gewährleisten soll.

Erfolgreich wachsen heißt Kräfte bündeln.

Dieses Naturgesetz des Erfolgs wurde nicht in den Vereinigten Staaten von Amerika entdeckt, sondern von den großen Denkern und Lehrern der europäischen und asiatischen Kulturen. Doch viele Menschen glauben, dass alles Erfolgswissen seinen Ursprung in den USA hat, wo das Prinzip »Grenzen überschreiten« traditionell das Denken und Handeln der Menschen prägt. Ein Irrtum: Die Gesetze des Erfolgs, wie sie heute von Erfolgstrainern und Motivationslehrern verbreitet werden, stammen keineswegs aus Amerika, sondern haben ihre Wurzeln in Westeuropa. Sigmund Freud erkannte den Einfluss der Gefühle und der Sexualität auf das Wohlergehen und Glück des Menschen, Viktor E. Frankl machte auf die Bedeutung des Sinns für ein erfülltes Leben aufmerksam, Professor Dr. J. H. Schultz entwickelte auf der Grundlage seiner Erkenntnisse um die Macht des Unterbewusstseins das autogene Training …

Das Enkelmann-Erfolgssystem: die Philosophie des erfolgreichen Wegs

Die deutschen Lebens- und Erfolgsschulen des 20. Jahrhunderts sind die Vorreiter für die Philosophie des erfolgreichen Wegs. Oscar Schellbach, Gustav Großmann und Heinrich Helmel hießen die drei bedeutenden Erfolgslehrer, die ihre unverwechselbare Perspektive und Expertise einbrachten. Zusammengenommen ergeben deren Erfolgsschulen die drei Säulen, auf denen unser Erfolgssystem ruht. Und es gibt noch mehr Vordenker und Erfolgslehren, die im vergangenen Jahrhundert das Wissen über Chancen und Möglichkeiten des Menschen revolutioniert und als Quintessenz zur Philosophie des erfolgreichen Wegs geführt haben. Sie alle zeigen, dass es auch in unserer Kultur immer schon Menschen gab, die mit ihrem Denken und Handeln Berge versetzen konnten. Ebenso Methoden, die beweisen, dass jeder Mensch sein Leben bewusst und positiv selbst gestalten kann. Einige davon werden wir auf den folgenden Seiten vorstellen. Vieles muss unberücksichtigt bleiben, aber Sie werden sicher trotzdem erkennen: In jeder Lehre liegt eine Weisheit, die Sie in der Philosophie des erfolgreichen Wegs wiederfinden, welche das Enkelmann-Erfolgssystem geprägt hat.

Positives Denken und Erfolgsdenken sind keine moderne Erfindung. Wir sind stolz auf die Tradition unserer Denkschule und die tiefenpsychologischen Wurzeln. Die Orientierung an den Lehren anderer Menschen, Kulturen, Religionen und Wissensschätzen schafft eine faszinierende und wertvolle Sammlung von Weisheiten, die einen tiefen Einblick in die Erforschung des menschlichen Geistes und des Seelenlebens gewähren.

2. Die Vordenker der Erfolgsphilosophie

Die Begründer der ersten deutschen Lebens- und Erfolgsschulen

Oscar Schellbach, Gustav Großmann und Heinrich Helmel sind für uns von besonderer Bedeutung, weil sie die Philosophie des erfolgreichen Wegs maßgeblich geprägt haben. Neben zahlreichen anderen Inspirationsquellen und Vorbildern liefern ihre Ansätze wichtige Bausteine für das Fundament, auf dem das Enkelmann-Erfolgssystem steht.

Die Bausteine des Enkelmann-Erfolgssystems Was haben uns diese drei Männer, die alle im vergangenen Jahrhundert gewirkt haben, zu sagen? Schellbach sah den Schlüssel zum Erfolg darin, das eigene Potenzial zu nutzen, individuelle Fähigkeiten zu entfalten und positiv zu denken. Er betonte die Macht des Unterbewusstseins. Großmann dagegen stellte Planung und Strategie in den Vordergrund: Mit der richtigen Methode und Technik könnten wir deutlich bessere Leistungen erreichen. Diese beiden Ansätze werden ergänzt durch den Schwerpunkt Helmels, der hervorhob, dass Kraft eine entscheidende Voraussetzung für Erfolg sei und dass diese Kraft wiederum aus unserem Körper kommen könne.

Oscar Schellbach: Positives Denken und die Macht der Erkenntnis

»Denken Sie positiv! Gedanken sind Kräfte,
die Himmel und Erde bewegen können.«
OSCAR SCHELLBACH

Oscar Schellbach (1901–1970) ist der Begründer des Mental-positivismus, der esoterischen Lehre der »Lebensbemeisterung«[1], wie er selbst formuliert hat, und gilt damit als Pionier in der Erfolgspsychologie. Schon als junger Mann begann er die Gesetzmäßigkeiten zu erforschen, die einem erfolgreichen Verhalten des Menschen zugrunde liegen. Gerade erst 20 Jahre alt, hielt er seine ersten Vorträge zur Lebensbemeisterung und Erfolgstechnik. Bereits ein Jahr später, im Jahr 1921, gründete er in Hamburg seine »Schule des Erfolgs«, wo er Kurse und Seminare zur Persönlichkeitsentfaltung durchführte.

Pionier in der Erfolgspsychologie

Seiner Zeit weit voraus setzte Schellbach damals schon Schallplatten als pädagogisches Hilfsmittel ein. Dafür hatte er sogar einen eigenen Tonträger erfunden, das sogenannte »Rellaphon«, mit dem das gesprochene Wort über Wachswalzen aufgezeichnet und wiedergegeben werden konnte. Es war die erste Langzeit-Aufnahmemaschine für das gesprochene Wort. Diese Erfindung brachte Schellbach später sogar die vorzeitige Freistellung vom Wehrdienst ein, weil der leitende Direktor der Stahlwerke Braunschweig an der Anwendung des Rellaphons stark interessiert war. An dieser Geschichte

---

1 Der Kernsatz des Mentalpositivismus lautet: »Mentalpositivismus ist die Lehre der Herrschaft über alles Negative durch die Macht der Überzeugung, die als Resultat aus der Beachtung der Gesetze des Denkens entsteht und somit das Ergebnis der Macht der Erkenntnis ist.« Quelle: www-schellbach-institut.de

wird auch deutlich, dass der eigentliche Erfolg, wie hier die Erfindung des Rellaphons, manchmal noch einen weiteren, völlig unerwarteten Erfolg nach sich ziehen kann. Die Gesetzmäßigkeit des Erfolgs geht davon aus, dass große Erfolge Domino-Effekte auslösen – in jedem Erfolg ist die Saat für weitere Erfolge angelegt.

Die Entfaltung des Individuums im Zeitalter der Massen

1927 veröffentlichte Schellbach dann seine Lehren als Buch unter dem Titel *Mein Erfolgs-System*. Es wurde zuerst ein Bestseller und schließlich ein Dauerseller mit mehr als 30 Auflagen und hat bis heute nichts an Gültigkeit verloren. Schellbach selbst beschreibt sein Erfolgssystem so: »Ein Weg, der durch korrekte Befolgung jedem vorwärtsstrebenden und denkenden Menschen die Möglichkeit gibt, sein Leben durch persönlichen Einfluss außerordentlich günstig zu gestalten.« In einer Zeit, in der die großen Psychologen Gustave le Bon *Psychologie der Massen* und Ortega y Gasset *Aufstand der Massen* verfassten, hatte Schellbach damit – entgegen dem Trend – ein Werk zur Entfaltung des Einzelnen geschaffen und so zur Stärkung der Persönlichkeit im Zeitalter der Massen beigetragen.

In den weiteren fünf Jahrzehnten bis zu seinem Tod 1970 hat Schellbach sein System immer weiter perfektioniert. Er hat eine Basis geschaffen, um die geistigen Kräfte im menschlichen Unterbewusstsein beherrschbar zu machen, und erklärt die Zusammenhänge zwischen unserem Denken und unserem Seelenleben. Seine Techniken ermöglichen es dem Individuum, sein Verhalten bewusst zu steuern. Schellbach selbst brachte alles auf die einfache Formel: »Richtigmachen = Erfolg! Falschmachen = Misserfolg!«

Begründer des »Mentalpositivismus«

Auf seinen richtungsweisenden Erkenntnissen begründete er den sogenannten »Mentalpositivismus«, laut Schellbach »die Lehre der Herrschaft über alles Negative durch die Macht der Überzeugung, die als Resultat aus der Beachtung der Gesetze des Denkens entsteht und somit das Ergebnis der Macht der Erkenntnis ist« (www.schellbach-institut.de). Man könnte ihn damit auch als deutschen Vater des positiven Denkens sehen: Was den Menschen wachsen und reifen lässt oder was seine Talente und Fähigkeiten zur höchsten Vollendung entfaltet, erklärt sich nicht allein aus den Gesetzen der Naturwissenschaft. Ohne Kenntnis der geistig-seelischen Gesetze bleibt unser Einfluss auf die inneren Vorgänge ausgeschaltet und die Ausübung unseres freien Willens auf die Wirkungsebene von geistig-seelischen Ursachen begrenzt. Es ist wie bei der Behandlung von Krankheiten. Solange die Ursache einer Krankheit verborgen bleibt, versucht man das Symptom zu bekämpfen. Fehlverhalten aus innerem Zwang bei unseren Aktionen und Reaktionen lässt sich willentlich nicht ausschalten wie elektrisches Licht. Die Grenze des freien Willens ist in diesem Falle schnell erreicht, wenn es gelingt, die Ursache dieses negativen seelischen Zwanges aufzulösen.

Oscar Schellbach war ein tiefgläubiger Mensch und vertraute auf die Schöpfung. Er war überzeugt von der Unsterblichkeit der Seele und der Macht des Unterbewusstseins. Als er einmal gefragt wurde, wie er schon als junger Mann zu so grundlegenden Erkenntnissen gelangt sei, sagte er nur, dass es eben in ihm gewesen sei: »Wir kommen auf die Welt mit einem Riesenfundus an Wissen. Und dieses gilt es, sich bewusst zu machen.«

Die Macht des Unterbewusstseins

Schellbach war zudem überzeugt davon, dass der ganze Reichtum der Schöpfung von Anbeginn in uns Menschen ruhe: alles Wissen, alles Können, alle Fähigkeiten. Uns selbst obliege es jedoch, dieses Potenzial zu nutzen. Die Natur sei unermesslich reich und verteile willig ihre Gaben. Aber immer nur an denjenigen, der sich würdig erweist und bereit ist, um ihren Besitz zu kämpfen.

Aus dieser Überzeugung heraus stellte Schellbach bereits in den 1920er-Jahren die These auf, dass der Mensch nicht einmal zehn Prozent seiner Fähigkeiten nutze. Im Umkehrschluss bedeutet das: Wir könnten zehnmal mehr leisten, als wir tatsächlich leisten, wenn wir unsere inneren Kräfte voll ausschöpften. Hier sah Schellbach den Schlüssel zum Erfolg. Erfolg im Leben werde nur derjenige haben, der diese in sich vorhandenen Möglichkeiten nutzt und sich auf den Weg macht, seine Fähigkeiten zu entfalten. Er sprach hier ausdrücklich von Entfaltung und nicht von Entwicklung, denn alles sei ja bereits vorhanden und wir müssten es nicht neu entwickeln, sondern eben nur noch entfalten. »Jedes Talent entfaltet sich aber nur durch Betätigung«, so die Maxime Schellbachs. Wer passiv bleibt und sein Leben einfach planlos weiterlaufen lässt, braucht sich nicht zu wundern, wenn sich kein Erfolg einstellen will.

Schellbachs Erfolgslehre umspannt alle menschlichen Lebensbereiche, die geistige und seelische Daseinsebene ebenso wie die körperliche und die zwischenmenschliche. Sie steht unter der einfachen Devise: »Vermeide prinzipiell alles, was dem Erfolg schadet, und versuche alles zu tun, was den Erfolg erleichtert.«

Unter Erfolg verstand Schellbach weit mehr als nur den materiellen Erfolg. Erfolg bedeutete für ihn insbesondere der persönliche Lebenserfolg, den er als innere und äußere Harmonie auffasste: die Kunst, im Einklang mit sich selbst und seiner Umgebung zu leben. Das beinhaltete für ihn sowohl innere Ruhe, Gesundheit und Ausgeglichenheit als auch ein harmonisches Miteinander mit anderen Menschen und das Ansehen, das man unter ihnen genießt.

Grundvoraussetzung für ein erfolgreiches Leben ist nach Schellbach ein festes Ziel, ein Lebensziel, das formuliert, was wir in unserem Leben wirklich erreichen möchten und auf das wir alle unsere Kräfte konzentrieren. Ohne Ziel sei der Mensch wie ein Schiff ohne Steuer, das irgendwann von den Wellen verschlungen wird. Wichtig dabei sei, dass das Ziel unserer persönlichen Veranlagung und unseren persönlichen Fähigkeiten entspreche und scharf umgrenzt sei, da Erfolg immer ein sicheres Entscheiden und schnelles Handeln verlange. Den Weg zum großen Lebensziel pflastere man sich nach Schellbach mit kleinen Teilzielen, wobei die ganze Konzentration jeweils dem nächstliegenden gelten müsse. Das erfolgreiche Erreichen eines Teilziels schaffe uns dann jeweils die Motivation für das Angehen des nächsten Ziels.

Das Lebensziel als Grundvoraussetzung für ein erfolgreiches Leben

Den Menschen begriff Schellbach primär von seiner geistig-seelischen Natur her. Im Geist sah er die eigentliche ursächliche Kraft für unseren gesamten Entfaltungsprozess. Das Denken spiele die entscheidende Rolle für unser Verhalten. Wenn wir erreichten, dass unsere geistigen Kräfte so arbeiten, wie wir es selbst wollen, dann seien wir auch in der Lage, unser Leben bewusst zu beeinflussen. Positives Denken führe zum Erfolg, negatives Denken dagegen sei der Nährboden für Angst und Hemmungen und blockiere jegliches Vorankommen. Der Erfolgsmensch sei, so Schellbach, von vornherein in seinem Unterbewusstsein positiv programmiert, darum arbeite sein Gehirn auch positiv erfolgreich: »Wem positives Denken, Fühlen und Handeln zu einer Herzenssache wird, der schaltet sich automatisch ein in diesen beglückenden Schwingungskreis des Vertrauens, des guten Willens und der positiven Tat.«

Unser Denken steuert unser Verhalten

Schellbach war also überzeugt davon, dass Erfolg nicht vom Glück abhängig ist, sondern gesetzmäßig als Wirkung von Ursachen eintritt, die wir selbst durch eine bewusste, positive Lebenseinstellung beeinflussen. Unsere Einstellung zur Arbeit muss beispielsweise so sein, dass wir arbeiten, um ein Ziel zu erreichen, das Freude, Glück und Befriedigung bringt – und nicht nur, um uns am Leben zu erhalten. Wenn wir unser Tun und unsere Arbeit dementsprechend beseelen und unser ganzes Denken hineinlegen, dann werden wir, so Schellbach, auch Freude und Erfolg haben: »Arbeit ist der Schlüssel zum irdischen und himmlischen Paradiese, das allen Nichtstuern verschlossen bleibt.«

Das Unterbewusstsein – die »Werkstatt der Seele«
Die Schaltzentrale unseres Denkens, das Unterbewusstsein, bezeichnete Schellbach als »Werkstatt der Seele«. Er zeigte auf, dass unser Unterbewusstsein in seiner Tätigkeit beeinflussbar ist, wenn wir die Regeln und Gesetze beachten, nach denen die Schaltungen dort ablaufen. Es gelte, sich die dort automatisch und unbewusst wirkenden Kräfte bewusst und somit beherrschbar zu machen sowie notwendige Fähigkeiten und nur mühsam ablaufende Vorgänge zur Automation zu führen. Die entsprechende Lebenstechnik, wie wir diese Kräfte leicht in die Hand bekommen, ist Grundlage der Erfolgslehre Schellbachs: »Der Erfolg muss zunächst und zuerst in der Idee geboren werden, wie alles, was von Menschenhand bewusst geschaffen wurde, erst in der Idee entstand.«

Der Körper als Werkzeug der Seele Von großer Bedeutung für die Bewusstwerdung unserer inneren Kräfte ist nach Schellbach die Beschaffenheit unseres Körpers. Ihn nannte er das »Werkzeug der Seele«. Das stärkste Bestreben im Kampf um den Erfolg müsse daher unserer Gesundheit gelten. Besonders beachten müssten wir dabei die Gesundheit unserer Nerven, weil von ihnen unsere Konzentrationsfähigkeit abhängt. Konzentration wiederum sei die notwendige Basis für folgerichtiges und tiefes Denken, wie es der Erfolg verlange. Jeder nach Erfolg strebende Mensch müsse daher bemüht sein, seine Konzentrationsfähigkeit zu steigern. Ausreichend Schlaf und Erholung seien hierfür ebenso wichtig wie Gymnastik, Atemübungen sowie gesunde Ernährung. »Jeder ist seines Glückes Schmied; was der Mensch denkt, wird er unfehlbar ernten«, lautete seine Grundüberzeugung.

Von Oscar Schellbach zur Philosophie des erfolgreichen Wegs

Oscar Schellbach war davon überzeugt, dass alles Wissen, alles Können und alle Fähigkeiten bereits in jedem Menschen angelegt sind. Er war sich sicher, dass jeder Mensch sein Leben bewusst beeinflussen kann und dass Konzentrations- und Zielklarheit selbst größte Erfolge möglich machen. Dem Denken kommt für ihn dabei eine Schlüsselrolle zu: In einer bewussten, positiven Lebenseinstellung sah er die Voraussetzung für Freude und Erfolg. Im menschlichen Unterbewusstsein sah er die Schaltzentrale der Macht über sich selbst – hier lagen für ihn alle Möglichkeiten und Chancen, die den Menschen zum Erfolg führen können. Er vertrat nicht nur die Ansicht, dass im Unterbewusstsein riesige Potenziale schlummern, er lehrte auch, diese Potenziale zu aktivieren und zu nutzen. Um das Unterbewusstsein positiv zu programmieren, entwickelte er Autosuggestionen. Eine äußerst wirkungsvolle und zudem leicht zu praktizierende Methode, die bis heute eine der Säulen der Enkelmann-Erfolgsphilosophie ist.

Alles Wesentliche für unseren Erfolg ist bereits in uns angelegt

Wie viele Philosophen und Heilslehrer war Schellbach davon überzeugt, dass eine breite Allgemeinbildung und ein umfangreiches Wissen wichtige Erfolgsfaktoren seien. Doch Wissen und Intelligenz allein haben unserer Ansicht nach noch bei keinem Menschen zu einem glücklichen und erfolgreichen Leben geführt. Es gibt sehr viele Menschen, deren Intelligenzquotient weit über dem Durchschnitt liegt und die dennoch nicht in der Lage sind, etwas aus ihren Fähigkeiten zu machen. In einer Zeit, in der sich das globale Wissen alle fünf Jahre verdoppelt und trotzdem dadurch nicht einige der brisantesten Probleme gelöst werden konnten, wird deutlich, dass Wissen keine Garantie für Erfolg ist. Im Gegenteil, Wissen kann sogar ein Hindernis auf dem Weg zum Erfolg sein, denn: Je mehr jemand weiß, desto schwerer fällt es ihm oft, Entscheidungen zu treffen.

Wissen ist kein Garant für Erfolg

Unsere Überzeugung ist, dass Erfolg nicht mit einem hohen
Intelligenzquotienten beginnt, sondern mit dem Mut, Entscheidungen zu treffen. Zudem ist die Konzentrationsfähigkeit viel, viel wichtiger als die Intelligenz. Deshalb entwickeln und fördern wir in unserem Training systematisch
diesen Mut und die Konzentration unserer Energien. Nur so
gelingt es uns, den größten Erfolgsblockierer überhaupt zu
eliminieren, der ansonsten nicht einmal vom brillantesten
Genie gestoppt werden könnte: die Angst.

Gustav Großmann: Zeitmanagement und Selbst-
rationalisierung

> *»Die beste persönliche Arbeitsmethode wird den Ausschlag
> geben, wird den Lebenserfolg bestimmen.«*
> GUSTAV GROSSMANN

Der Philosoph und Künstler Dr. Gustav Großmann (1893 bis
1973) zählt zu den Pionieren des Zeit- und Selbstmanagements in Deutschland. Bereits in den 1920er-Jahren entwickelte Großmann auf Grundlage einer methodischen Ar-
beitsvorbereitung ein wirksames System zur persönlichen
Selbstverwirklichung und Leistungssteigerung. Es zielt darauf ab, mit dem geringsten Kräfteverbrauch und körperlichen Einsatz beste Leistungen zu erreichen.

Der Anlass für seine Studien waren seine schweren Kriegs-
verletzungen. Er hatte einen Kopfschuss, einen Armschuss
und einen Knie-Oberschenkelschuss mit bleibender Beinver-
steifung erlitten. Sein weiteres Leben als bemitleidenswerter
Kriegsveteran zu fristen, war ihm jedoch eine Horrorvorstel-
lung. So suchte er nach einem erfolgreichen Weg, um seine
gesundheitlichen Nachteile zu kompensieren und wieder zum
»Vollmenschen« zu werden, wie er betonte. Der Vollmensch,
so Großmann, »strebt nach Beherrschung seiner Umgebung

und Beherrschung dessen, was die große Masse Schicksal nennt«. Noch im Krankenbett bereitete sich Großmann auf das Abitur vor, studierte später Philosophie, Nationalökonomie, Statistik und Psychologie und machte sich schließlich 1927 als Spezialist für persönliche Arbeitsmethoden selbstständig. Seine philosophischen Wurzeln sah Großmann vor allem bei Schopenhauer, Nietzsche und Alfred Adler.

»Die Starken haben stets noch den Weg zu ihren Zielen gefunden, obgleich diese für ihre Zeitgenossen als unerreichbar galten«, lautete eine seiner grundlegenden Erkenntnisse. In seinem 1927 erstmals erschienenen Buch *Sich selbst rationalisieren!* hat Großmann sein Erfolgssystem zu einem Leitfaden zusammengefasst. Er hat es geschrieben, wie er selbst bemerkte, für »Menschen, die träumen können von hohen Zielen, die sich aber nicht genug sein lassen, ihre Wünsche träumend zu erleben, sondern die der Wille treibt, ihren Zielen Wirklichkeit zu geben«. Mehrmalige Überarbeitungen und Neuauflagen seines Werkes folgten.

Das eherne Naturgesetz von Ursache und Wirkung – jede Wirkung hat eine Ursache und umgekehrt – bildet auch die Grundlage der sogenannten »Großmann-Methode« (GM). Denn auch Erfolg kommt niemals von allein, so Großmann, sondern immer gesetzmäßig als Folge von bestimmten Ursachen. Dadurch sei Erfolg auch planbar. Zur Begründung führte er an: »Im Gegensatz zu anderen Lebewesen sind wir Menschen imstande, die Wirkungen einer Ursache vorauszuberechnen sowie die Ursachen einer Wirkung nachzuvollziehen. Somit können wir auch Wirkungen verursachen, sprich Aufgaben lösen und Ziele verwirklichen. Falls wir uns in der vorausgesetzten Ursache irren, können wir auch die gewünschte Wirkung nicht erzielen.«

Das Gesetz von Ursache und Wirkung = Grundlage der Großmann-Methode

Hier setzt seine Erfolgsmethode an. Sie zeigt auf, wie wir unter Berücksichtigung dieses Naturgesetzes unseren Erfolg systematisch planen können. Zur Planung gehören insbesondere die Erarbeitung realistischer Ziele (= Wirkungen) sowie die Feststellung der dafür erforderlichen Ursachen und deren Verfügbarkeit. In diesem Zusammenhang bemängelte Großmann, dass viele Menschen den Fehler machten, dieses Naturgesetz nicht auf ihr Leben und ihre Arbeit anzuwenden. Sie gäben sich lieber machtlos ihrem Schicksal hin, um diesem dann die Schuld für ihre Erfolglosigkeit und ihr »Elend« geben zu können. Denn würden sie es anwenden, müssten sie ja mit der Erkenntnis leben, dass sie selbst daran schuld sind – und da »hört nämlich der Spaß auf«, bemerkte er sarkastisch.

»Dem Könner gehört die Zukunft!«

Erfolgreiches Arbeiten ist nach Großmann eine Fähigkeit, die man durch Übung bis zur Meisterschaft steigern könne. Schließlich seien wir Menschen ja immer selbst die Verursacher all unserer Handlungen und folglich auch für alles verantwortlich, was wir erleben und erreichen. Damit wollte Großmann sagen, dass nicht das sogenannte Schicksal über Erfolg oder Misserfolg entscheidet, sondern allein der Mensch selbst durch seine Taten: »Viele Millionen leben in dem gefährlichen Aberglauben, sie seien unbegabt, und doch ist ihnen nur der Weg unbekannt, ihre persönlichen Kräfte und Fähigkeiten zu veredeln, zu steigern und auszunutzen.«

Großmann war überzeugt davon, dass jeder normale Mensch bei jahrelanger, andauernder systematischer Arbeit seine persönlichen Leistungen vervielfachen könne. Mühe, Anstrengung und Fleiß hielt er dafür allerdings keineswegs für ausreichend. Um Erfolg zu haben, müssten wir vielmehr lernen, rationell zu arbeiten. Das heißt, mit dem geringsten Aufwand den größten Nutzen für uns erzielen. Für Großmann galt: Je früher wir mit der Selbstrationalisierung beginnen, desto mehr werden wir in unserem Leben auch erreichen. Eine wichtige Grundlage dafür sei, einen Sinn für das

Wesentliche zu bekommen und Wichtiges vom Unwichtigen unterscheiden zu können.

Erfolg war übrigens für Großmann immer mit Nutzen verbunden. Deshalb verstand er unter Erfolg nicht nur, dass wir Leistungen erzielen, sondern dass wir unsere Leistungen auch verwerten. Schlussendlich sei erst die verwertete Leistung ein persönlicher Erfolg, so Großmann. »Erst wenn es dem Maler gelungen ist, sein Bild zu verkaufen, erst wenn er den Preis erhalten hat, kann er von einem persönlichen Erfolg sprechen.«

Voraussetzung für jeglichen Erfolg ist nach Großmann positives Denken. Wer negativ denke, habe am Schaffen keine Freude und empfinde jedes Tun nur als Last. Der positiv Reagierende dagegen habe auch an jedem Rätsel und jeder Schwierigkeit seine helle Freude, betonte er. Eine positive Einstellung sei auch die Grundlage für die Selbstbegeisterung, die Großmann als wichtigen Teil der Erfolgsvorbereitung ansah. Sich immer wieder neu zu begeistern und in eine produktive Stimmung zu bringen, sei eine unerschöpfliche Kraftquelle, betonte er und erklärte auf nette Weise: »Nicht durch Zwang und Anstrengung lassen wir uns treiben, die Neubewillung lockt zum Ziel wie unsere Träume zur Geliebten mit heißer Gewalt hinlocken.«

Selbstbegeisterung als Kraftquelle

Unser Bemühen um beruflichen und persönlichen Erfolg bleibt nach Großmann so lange erfolglos, wie wir glauben, dass Grundsätze und Regeln genügen, um im Leben erfolgreich zu sein. Entscheidend für Erfolg sei vielmehr, dass

- wir ein Ziel haben, das wir verwirklichen wollen, und
- wir unseren Sinn und Geist und all unsere Erfahrungen und Fähigkeiten nutzen, um dieses Ziel auch entschlossen zu erreichen.

Das richtig gewählte Ziel wirkt wie »Brennstoff im Motor«

Die Zielsetzung erklärte Großmann so: Das Ziel muss wie ein Riesenmagnet auf uns wirken. Es muss so gesteckt werden, dass es die größte Begeisterung in uns hervorruft. Das Suchen des Zieles sei daher die ernsteste und folgenschwerste Arbeit des Menschen. Wer ein Ziel hat, wirke auf andere und werde geachtet. Zu den grundsätzlichen Erwägungen bei der Wahl eines Ziels gehörte für Großmann, die Fragen zu prüfen: Dient das Ziel der Verwirklichung meiner natürlichen Lebensaufgaben (Lebensunterhalt verdienen, Zeit für die Familie haben, die Gesundheit nicht zu ruinieren etc.)? Bringt es mich meinem Lebensziel näher oder nicht? Und: Welchen Einfluss hat es, objektiv gesehen, auf mein Leben? Das Ziel gleicht für Großmann »dem Brennstoff im Motor, der immer wieder neue Kraft verleiht, der immer wieder von Neuem antreibt«.

Mit Planung und Organisation Ziele erreichen

Der Mensch muss planen, sich seine Zeit einteilen und lernen, sich zu organisieren – darin sah Großmann die entscheidende Basis für den persönlichen Erfolg. Seiner Erfahrung nach aber hätten die meisten Menschen keinen Plan für den Einsatz der Mittel und Wege, die zur Verwirklichung ihrer Ziele führen. Dadurch sei bei ihnen der Misserfolg programmiert, denn »es gibt keine andere Methode, natürliches Interesse zu wecken, als durch Ziel- und Planarbeit und durch Selbstbegeisterungsübungen«.

Großmanns Grundüberlegung ist: Hinter jeder unserer Arbeiten steckt immer die Absicht, ein Ziel zu verwirklichen. Um aber die Aufgaben lösen zu können, die dafür notwendig sind, müssen wir deren Ursachen und Mittel kennen, besitzen und beherrschen – alle drei Bedingungen müssen erfüllt sein! Das ist so zu verstehen: Wenn Sie zum Beispiel eine Radtour zu einem Ausflugslokal machen wollen, dann müssen Sie über ein Fahrrad verfügen und auch Rad fahren können. Das eine ohne das andere nützt Ihnen nichts. Zudem müssen Sie den kürzesten Weg kennen, um nicht unnötig Zeit zu verlieren. Dieses einfache Beispiel verdeutlicht, warum Großmann der Planung einen so hohen Stellenwert beimaß. Er hielt sie für notwendig, um schon im Vorfeld den genauen Arbeits-, Zeit- und Mittelaufwand festzustellen, der benötigt wird, um das Ziel zu erreichen. Unter Mitteln verstand er dabei nicht nur unser technisches Equipment, sondern auch unsere Kenntnisse, Fähigkeiten, Leistungen, Beziehungen, Einnahmen, Ausgaben etc.

Werk- und Zeitpläne zählen zu den Hauptelementen seiner Arbeitsmethode. Ihr Vorteil ist: Sie ermöglichen es vorab, den festgestellten Gesamtaufwand dem mutmaßlichen Nutzen gegenüberzustellen und somit abzuwägen. »Die Bestimmtheit, die Präzision in der Planarbeit ist das Kennzeichen des erfolgreichen Menschen«, gab er sich überzeugt.

Erfolgreiche Menschen planen präzise und schriftlich

Den Vorteil von schriftlichen Entscheidungen sah Großmann zudem darin, dass sie eine größere Bedeutung suggerieren. Alles, was wir niedergeschrieben haben, nähmen wir ernster als gedankliche Zielsetzungen. Zudem könne man durch das Erstellen von Werk- und Zeitplänen eine besondere Denktechnik aus Fragen und Antworten entwickeln, die dann unfehlbar zum Ziel führe. Nicht umsonst hätte man, so Großmann, »das Werkplanen die beste Denkmethode der Welt genannt«. Der Sinn der Zeitplanung liegt für ihn darin, »aus dem Leben ein Kunstwerk zu machen, dem Leben Wert zu geben, zu erreichen, dass wir den höchsten Lebensgewinn erzielen, und dazu gehört in erster Linie die Erkenntnis, dass das Wesen des Menschen in seinem Handeln besteht, in seinem Verhalten von der Wiege bis zum Grab«.

Von Gustav Großmann zur Philosophie des erfolgreichen Wegs
Gustav Großmann zählt zu den Pionieren des Zeit- und Selbstmanagements in Deutschland. Er sah die entscheidende Basis für den persönlichen Erfolg darin, dass wir die Zeit, die wir zur Verfügung haben, systematisch planen und ein-

Erfolgsrezept Zeit- und Selbstmanagement

teilen und dass wir lernen, uns zu organisieren. Eine Fähigkeit, die auch eine große Rolle in der Erfolgsphilosophie spielt. Großmann betrachtete es als Voraussetzung für jeden Erfolg, nicht nur über seine Ziele nachzudenken, sondern darüber zu sprechen, sie aufzuschreiben und so im Unterbewusstsein zu verankern.

Positiver Umgang mit Widerständen

Mühe, Anstrengung und Fleiß sind für Großmann nicht ausreichend, um Erfolg zu haben. Vielmehr müssten wir rationell arbeiten. Ziel sei es, mit dem geringsten Aufwand den größtmöglichen Nutzen zu erzielen. Dabei kam es für ihn vor allem darauf an, sich nicht von widrigen Umständen von seinen großen Zielen abbringen zu lassen, sondern sein Schicksal selbst in die Hand zu nehmen. Er betonte sogar explizit, dass Mängel eher erfolgsfördernd als erfolgshemmend wirken. Wir alle hätten genügend Reserven, die durch Training mobilisiert werden könnten. Auch in der Erfolgsphilosophie gehen wir davon aus, dass in der Überwindung von äußeren und inneren Widerständen ein wesentlicher Erfolgsfaktor liegt und der offensive, positive Umgang mit Hindernissen und persönlichen Schwächen sogar einen mobilisierenden Effekt haben kann.

Körper, Seele und Geist im Gleichgewicht

Grundlage jedes Erfolgs ist für Gustav Großmann positives Denken und Handeln sowie körperliche und geistige Fitness. Erfolgsgrundlage ist ein harmonisches Gleichgewicht von Körper, Seele und Geist. Das sind auch die Kernpunkte der Philosophie des erfolgreichen Wegs.

Heinrich Helmel: Zusammenspiel von Körper und Seele

*»An den Schwierigkeiten des Lebens wollen wir unsere
Kräfte entwickeln wie an Tälern und Schluchten, Felsen
und Bergen; wir wollen uns aus tiefsten Tiefen zu lichtesten
Höhen eines tätigen Lebens hinaufarbeiten.«*
HEINRICH HELMEL

Der Atemtherapeut und Lebensberater Heinrich Helmel (1893–1971) wusste sehr wohl, welch hohen Stellenwert die Gesundheit in unserem Leben hat. Seine Lazarettaufenthalte 1916 wegen einer schweren Mittelohrentzündung und 1918 nach einer Verwundung hatten ihm schon früh die Augen geöffnet: Wer den Kopf in den Sand steckt und über das Schicksal lamentiert, kommt nicht voran, im Gegenteil, er fällt immer tiefer. Aus dieser Erkenntnis heraus begann er, sein Leben »mit Frohsinn«, so Helmel, in die Hand zu nehmen und durch regelmäßige Atem- und Körperübungen seine Gesundheit wiederherzustellen und auch nachhaltig aufrechtzuerhalten. Er war überzeugt davon: »In dem Maße, wie die Gesundheit wächst, wächst auch die Kraft und damit das Vertrauen zum eigenen Können: Erfolg und Lebensglück – das Resultat.«

Gesundheit schafft Erfolg und Lebensglück

Aus seiner eigenen Erfahrung heraus entwickelte Helmel eine Methodik zur Atem- und Körperertüchtigung und gründete eine Atem- und Lebensschule, um auch anderen Menschen den Weg zu einem gesunden, kraftvollen und harmonischen Leben aufzuzeigen. Seine Lehrbriefe mit den Übungsanleitungen und den zugrunde liegenden Lebensregeln hat er in seinem Buch *Der bejahende Mensch* veröffentlicht.

Im Frühjahr 1944 wurde er zur Marine eingezogen. Nach genauer Überprüfung seiner Atemmethodik forderte ihn sein damaliger Truppenteil an, um die Mannschaften auf dem Schiff darin zu schulen. Als das Schiff achtern auf Grund ging

Atemmethodik für die Truppe

und es zum Schlafen nur noch völlig durchkältete Kabinen im Vorderschiff gab, zog sich Helmel ein schweres Nieren- und Darmleiden sowie eine Herzinsuffizienz zu. Nach der Gefangenschaft im Oktober 1945 kamen Wasseransammlungen in den Beinen und im Brustraum dazu, so massiv, dass er kaum noch gehen konnte. Das Untersuchungsergebnis: Er solle sich auf Schonung einstellen und die Gymnastik wegen der Gefahr von Komplikationen unterlassen. Ein Leben in völliger Schonung und ohne Gymnastik bedeutete für ihn aber so viel wie »lebendig begraben zu sein«. Und er entschied sich aufs Ganze zu gehen.

Auf den Willen kommt es an Aus dieser Situation heraus entwickelte Helmel die sogenannten Blutwell-Übungen. Er bezeichnete sie so, weil sie die Sauerstoffzufuhr der Muskel- und Nervenzellen aktivieren und anregend auf die Gefäße im Blutkreislauf wirken. Er baute die Blutwell-Übungen in das Gesamtsystem seiner Übungen ein und kam durch seinen eisernen Willen und harte Arbeit an sich selbst wieder zu Kraft und Gesundheit. Seine Erfahrungen drückte er mit den Worten aus: »Die Willensprägung gibt Kraftbewusstsein; sie macht ungeahnte Kräfte frei; wer da übt, dem wird gegeben. Auf den Willen kommt es an!«

Heinrich Helmel war ein bejahender Mensch mit einem ausgeprägten Willen, ein Mensch, der sein Leben erfolgreich in die Hand nahm. Die eigene Gesundheit selbst wieder herzustellen, sie nachhaltig zu festigen und voll Kraft bis ins hohe Alter beweglich zu sein – das war sein Ziel und zugleich die Botschaft seiner Lebensphilosophie, auf die sein Gesundheits- bzw. Erfolgssystem ausgerichtet ist.

Helmel war überzeugt: »Nur ein gesunder, geistkraftdurchdrungener Körper wird ein guter Ideenträger und ein Wirklichkeits- und Erfolgsbringer sein.« Wer ein erfolgreiches und glückliches Leben anstrebe, müsse sich bemühen, sein gesamtes Potenzial an Möglichkeiten und Fähigkeiten zu nutzen, um Leib und Geist gesund und willenstüchtig zu machen.

Ja zum Leben sagen

Das höchste Ideal, das wir anstreben sollten, ist nach Helmels Überzeugung, dass wir aus uns einen »an beseeltem Willen und Körper gleich starken Lebenskünstler, den Vollmenschen, den bejahenden Menschen« machen. Nur so habe das Leben für uns Menschen Sinn und Zweck. Die Grundvoraussetzung für dauerhaften Erfolg in jeder Hinsicht sei daher, all unsere Gedanken und Bestrebungen auf eine positive Lebenseinstellung auszurichten: »Arbeiten wir uns doch hinein in die Bejahung – Schritt für Schritt: Wir schaffen es ganz bestimmt. Wir haben den Heilswillen in uns, wecken wir ihn, bestätigen, bejahen wir ihn immer wieder. Immer liegt der Anfang zum Besserwerden in uns.«

Lebensbejahung erfüllt das Dasein mit Sinn und Zweck

Um die Lebensbejahung auch gedanklich in uns zu festigen, empfahl Helmel, jeden Morgen mit einem positiven Spruch zu beginnen und sich täglich des Öfteren die dringende Selbstprägung zu geben, dass wir an diesem Tag keine Verstimmungen dulden werden. Denn Verstimmungen seien wie »ein Krebsschaden«, so Helmel, »der an unserer Seele nagt, die Nervenkraft verzehrt, unsere Fähigkeiten lahmlegt«. Verankern wir dagegen durch ständige Wiederholungen positive Willens- und Gedankenprägungen in unserem Gehirn, dann werden sie dort zu Marklinien und wir können gar nicht mehr anders handeln. Selbst kleinste Willens- und Freudenbetonungen führten bereits aufwärts. »Der Wille will trainiert, geübt sein, wenn er uns mit vollster Entfaltung erfreuen soll«, hob er hervor.

Positive Prägungen verankern

Der Geist ist, so Helmel, der Erbauer unseres Körpers. Nach außen können wir erst aufrecht stehen, wenn wir auch in unserem Inneren, in unserem Geist, so sind. Allerdings nütze es uns nichts, in unserem Geiste auch noch so groß zu sein, wenn unser Körper, unser Instrument, »verstimmt« ist und versagt: »Im Leben entscheidet immer die Kraft, die Kraft des Körpers ebenso gut wie die Kraft der Seele und des Geistes.« Er gelangte schließlich zu der Erkenntnis: »Gesundheit herrscht noch nicht, weil wir sie uns wünschen und an sie denken, sondern sie wird uns nur zuteil, weil wir sie uns täglich erobern und erkämpfen und weil wir vor der wundersamen Kraft ewiger Erneuerung Ehrfurcht haben.«

Den Körper trainieren

Um vorwärtszukommen, um zu Kräften zu gelangen, bedarf es nach Helmel einer ständigen und mitunter harten Arbeit an sich selbst. Er selbst hat sie erfolgreich an sich praktiziert. Sein Gesundheitssystem oder – modern ausgedrückt – »Fitnessprogramm« fasste Helmel selbst so zusammen: »Willensschulung, Gedankenschulung, systematische Atmung, natürliche Körperpflege, reines Blut durch reine naturechte Nahrung führen zum Ziel.« Den richtigen Wechsel zwischen Spannung und Entspannung betrachtete Helmel als das A und O jeglicher Erneuerung. Alle seine Übungen sind darauf ausgerichtet. Das größte Übel sah er darin, sich nicht entspannen zu können. Dies führe zum Verschleiß der größten Kraft- und Erneuerungsquellen in uns. Viele aber wüssten nicht, was es mit der Spannung und Entspannung auf sich habe und dass beide zusammengehören. Doch erst das Gleichmaß von Spannung und Entspannung »gibt die rechte Harmonie und die Voraussetzung für höchstmögliche Leistungen. Kraft haben und sie in Gelöstheit einsetzen können, ist das Geheimnis jeden Erfolgs«.

Atemtherapie als Kraftquelle

Atemgymnastik und Körperertüchtigung stehen in Helmels Übungsprogramm an oberster Stelle. Richtiges Atmen aus einer naturgegebenen Bewegung von Spannung und Entspannung heraus führt zu einer erhöhten Sauerstoffzufuhr und kräftigt somit Muskeln und Nerven. Kraftatemübungen sind dabei das Kernstück des Systems. Richtig ausgeführt, werden sie zu Konzentrationsübungen. Dazu Helmel: »Konzentration ist aber der Schlüssel zum Erfolg überhaupt.«

Zum besseren Verständnis seiner Erfolgsstrategie verwies Helmel auf das unwandelbare Gesetz von Saat und Ernte: Wer Weizen ernten will, muss auch Weizen säen. Säen wir Unkraut, wird auch Unkraut wachsen. Damit meinte er: Kraft kommt von Kraft. Wer Schwäche sät, kann nicht erwarten, Kraft zu ernten. Das Gesetz bezog er auch auf das Geistige: Wer kunstvoll denkt, wird kunstvoll handeln. »Und kunstvoll handeln heißt, der Natur das aufdrücken, was ihr zukommt, sie zum Kunstwerk erheben. Und unserer Natur, unserem Körper diesen Stempel aufzudrücken bedeutet nichts anderes, als auch diesen zum Kunstwerk zu erheben. Nur darin lässt sich der Sinn des Lebens und unseres Daseins erklären.«

Den Körper als Kunstwerk der Natur verstehen

Von Heinrich Helmel zur Philosophie des erfolgreichen Wegs

Wie die Erfolgslehren von Oscar Schellbach und Gustav Großmann ist auch die Methode von Heinrich Helmel in einer Zeit entstanden, die man alles andere als rosig bezeichnen kann. Die Wirren des Ersten Weltkriegs und der Nachkriegszeit boten auch ihm nicht gerade die beste Grundlage für seine Zukunft. Doch er wollte sich nicht tatenlos in sein Schicksal fügen, sondern nahm sein Leben selbst in die Hand.

Als Atemtherapeut und Lebensberater betonte Helmel den hohen Stellenwert von Gesundheit im Leben. Eine positive Lebenseinstellung war für ihn die Grundvoraussetzung für einen dauerhaften Erfolg in jeder Hinsicht. Um dies zu erreichen, empfahl Helmel, jeden Tag mit einem positiven Spruch aus »Kraftgedanken« zu beginnen. Darüber hinaus versuchte er, das im asiatischen Raum verwurzelte, uralte Yoga-System zu »europäisieren« – er wollte vor allem erreichen, dass sich die positive Wirkung auf die körperliche und seelische Gesundheit schneller einstellte, indem er es dynamisierte.

Positive Lebenseinstellung durch »Kraftgedanken« und Yoga

Sein Hauptansatzpunkt war der Körper – durch spezielle Übungen, die er aus dem Yoga generiert hatte und die auf der Wechselwirkung von Spannung und Entspannung basierten, sollte der Körper immer mehr Kraft und Energie produzieren lernen.

Auch in der Philosophie des erfolgreichen Wegs greifen wir auf Erkenntnisse aus dem Yoga zurück. So haben wir erkannt, dass Menschen beim Ballspielen viele ihrer Charakterzüge offenbaren. Beim Spiel mit dem Medizinball können wir also nicht nur die Muskeln trainieren, sondern auch die charakterlichen Besonderheiten von Menschen studieren.

Pioniere und Wegbereiter für die Philosophie des erfolgreichen Wegs

Die Essenz unseres Wissens rund um das Thema Erfolg

Im deutschsprachigen Raum hat sich im Laufe des vergangenen Jahrhunderts eine überaus kreative und lebendige »Erfolgs-Kultur« entwickelt. Eine Reihe von großen Denkern und herausragenden Motivationslehrern hat Wege und Methoden entwickelt, die den Menschen helfen, ein erfolgreiches und glückliches Leben zu führen: Neben den bereits erwähnten Erfolgspionieren Oscar Schellbach, Gustav Großmann und Heinrich Helmel sind noch Victor E. Frankl, Wolfgang Mewes, K. O. Schmidt und Richard Müller-Freienfels hervorzuheben. Vieles aus diesem großartigen Wissensschatz floss auch in die Philosophie des erfolgreichen Wegs ein. Schon deshalb ist die Enkelmann-Erfolgsphilosophie ein System, das auf einer fundierten Forschungsgrundlage steht – ein echtes Erfolgssystem »made in Germany«. Es ist nicht weniger als die Essenz des Wissens einiger der brillantesten Köpfe Deutschlands, die wir Ihnen auf den folgenden Seiten vorstellen möchten.

Viktor E. Frankl: Die Logotherapie und der Sinn des Lebens

»Ob er es will oder nicht, ob er es wahrhat oder nicht –
der Mensch glaubt an einen Sinn, solange er atmet.«
VIKTOR E. FRANKL

Viele Erfolgssysteme in Deutschland berufen sich auf Viktor E. Frankl (1905–1997) und seine Logotherapie, die sich mit der Bedeutung des Sinns im Leben beschäftigte und im Bedürfnis nach Sinn die Grundmotivation des Menschen[2] sah. Viktor E. Frankl entwickelte seine positive Psychologie unter schwersten Belastungen im Konzentrationslager. »Trotzdem ja zum Leben sagen«, lautete sein Lebensmotto. Im KZ hat er diese Philosophie im Angesicht des Todes sozusagen selbst auf die Probe gestellt und war zu der Erkenntnis gelangt, dass sie auch unter Ausnahmebedingungen Wirkung zeigt. Die Frage nach dem Sinn ist eine der grundlegendsten Fragen unserer Existenz. Solange es uns gutgeht und wir glücklich und zufrieden sind, erscheint uns unser Leben sinnvoll, sodass wir uns mit der Sinnfrage nicht weiter beschäftigen. In schwierigen Situationen – etwa bei Arbeitslosigkeit, finanziellen Problemen oder Scheidung, bei einem schweren Unfall oder beim Tod des Partners – fragen sich die Menschen dagegen öfter nach dem tieferen Sinn ihres Daseins.

Trotzdem / Immer ja zum Leben sagen

Bereits in jungen Jahren hatte der aus einer jüdischen Wiener Beamtenfamilie stammende Frankl begonnen, die Sinnfrage zum zentralen Thema seines Lebens zu machen. Schon als kleiner Junge fragte er sich, wie er sich später erinnerte, »ob nicht die Vergänglichkeit des Lebens dessen Sinn zunichte macht«. Als Antwort legte er sich zurecht, dass der Tod das Leben überhaupt erst sinnvoll mache. Außerdem könne die

Grundgedanken der Sinnsuche

---

2 Viktor E. Frankl Institut, Wien, http://logotherapy.univie.ac.at

Vergänglichkeit dem Sinn unseres Daseins keinen Abbruch tun, weil in der Vergangenheit ja alles unverlierbar geborgen sei. Zwei wichtige Grundgedanken hat Frankl bereits im Alter von 15 Jahren zusammengefasst:

- Wir dürfen nach dem Sinn des Lebens eigentlich nicht fragen, da wir selbst es sind, die befragt werden: Wir sind es, die zu antworten haben auf die Frage, die uns das Leben stellt. Diese Lebensfragen können wir nur beantworten, indem wir unser Dasein selbst verantworten.
- Der letzte Sinn geht über unser Fassungsvermögen hinaus, an ihn können wir nur glauben – es ist ein Übersinn.

Bis zum Jahr 1938 war Viktor E. Frankl als Arzt am psychiatrischen Krankenhaus in Wien tätig. Wegen seiner jüdischen Herkunft wurde er von den Nazis gezwungen, an das jüdische Rothschild-Hospital zu wechseln – dort wirkte er bis zu seiner Deportierung im Jahr 1942. Die drei darauf folgenden Jahre verbrachte er in vier verschiedenen Konzentrationslagern, bis er nach Kriegsende von der US-Armee befreit wurde. Seine Familie war im KZ umgekommen.

Doch statt an seinem Schicksal zu verzweifeln, stürzte sich Frankl sofort wieder in die Arbeit und setzte seine Forschungen fort. Er verfasste mehr als 30 Bücher, war lange Jahre Vorstand der Wiener Neurologischen Poliklinik und erhielt weltweit zahlreiche Ehrendoktorate und Auszeichnungen für seine Leistungen auf dem Gebiet der Logotherapie.

Der Mensch braucht eine Aufgabe

Existenzanalyse und Logotherapie zur persönlichen Entwicklung

Die von Viktor E. Frankl entwickelte Logotherapie und Existenzanalyse ist eine lebensbejahende, sinnzentrierte Psychotherapierichtung. Das Menschenbild, das dieser Methode zugrunde liegt, umfasst die körperliche, psychische und geistige

Ebene. Dabei steht die Orientierung am Geistigen im Mittelpunkt. Als stärkste Motivation des Menschen wird der »Wille zum Sinn« gesehen. Die Logotherapie kann auch als Erziehung zur Verantwortung definiert werden. Um das zu erreichen, soll der Horizont des Patienten erweitert werden, damit er die ganze Fülle von Sinn- und Wertmöglichkeiten wahrnehmen kann, die das Leben bietet. Für die Verwirklichung seiner Werte ist er aber letztlich selbst verantwortlich. Um den Sinnwillen des Menschen zu wecken, wird die sogenannte Existenzanalyse eingesetzt, eine Analyse des konkreten Daseins der Betroffenen. Ziel dabei ist es, dessen geistige Potenziale zu entfalten und ihm einen neuen Zugang zu seinen Problemen und Möglichkeiten aufzuzeigen.

Erziehung zur Verantwortung

Die *Kerngedanken der Logotherapie* in Kürze:

- Unser Schicksal liefert uns die unabdingbaren äußeren und inneren Einflüsse unseres Daseins.
- Unsere geistige Freiheit ermöglicht es uns, frei zu entscheiden, wie wir uns zu unserem Schicksal einstellen.
- Die Verantwortung dafür, wie sinnvoll wir unser Leben gestalten, tragen wir jeweils selbst.

Eine allgemeine Antwort auf die Frage nach dem Sinn gibt Frankl nicht. Diese ergibt sich aus unserem Schicksal, das für jeden Einzelnen von uns einmalig und einzigartig ist. Nach Frankl können wir *auf drei Wegen den Sinn im Leben finden* – über:

Drei Wege der Sinnfindung

- *Erlebniswerte* (schöne Dinge erleben, nette Begegnungen, Liebe)
- *Schöpferische Werte* (tätig sein, etwas gestalten, das Schicksal in die Hand nehmen, Arbeit, kreatives Schaffen)
- *Einstellungswerte* (sich nicht aufgeben, durchhalten

wollen auch in schwierigen und lebensdrohenden Situationen, in Krankheit und Tod)

Jede Lebens-
situation birgt
einen tieferen Sinn

Sinn können wir überall finden, selbst im Leiden. Darin sah Viktor E. Frankl sogar die Möglichkeit, den tiefsten Sinn zu finden. Zu dieser Erkenntnis kam er im Konzentrationslager: Die Menschen dort waren ihrem Schicksal machtlos ausgeliefert, ein selbstverantwortliches Handeln und selbst gesteuertes Erleben war nicht mehr möglich. Was ihnen aber niemand nehmen konnte, war ihre geistige Freiheit, wie sie sich auf dieses Schicksal einstellten – die letzte menschliche Freiheit, auch dem furchtbarsten aller Grauen einen Sinn abzugewinnen. Das Schicksal fordert den Menschen ständig heraus. Es liegt aber an jedem Einzelnen, was er daraus macht. Viktor E. Frankl hat den besten Beweis dafür geliefert, dass sich jeder Situation, jedem »Stolperstein«, jedem Schicksal ein Sinn abringen lässt.[3]

Mehr über die Logotherapie und Viktor E. Frankls Lehre vom Sinn des Lebens lesen Sie in dem Buch *Erst dein Traum macht dich groß*, das ich zusammen mit meiner Tochter Dr. Claudia E. Enkelmann veröffentlicht habe.

Von Viktor E. Frankl zur Philosophie des erfolgreichen Wegs

Glück und Erfolg
als Nebenprodukte
der Hingabe an
eine sinnvolle
Aufgabe

Glück, Freude und Erfolg können nach der Lehre Viktor E. Frankls niemals direkt angesteuert werden, sondern sind Nebenprodukte der Hingabe an eine Aufgabe, in der wir Sinn sehen. Glück hängt zudem keineswegs von irgendwelchen äußeren Umständen oder Zufällen ab, auch wenn es uns manchmal scheint, als ob es »Glückspilze« gäbe. Ebenso wenig lässt sich Glück wie auf Knopfdruck herbeiführen oder

---

3 Quellen: Viktor E. Frankl Institut, Wien, http://logotherapy.univie. ac.at; www.logotherapie.com; Elisabeth Lukas: *Der Seele Heimat ist der Sinn*, München 2005

festhalten, sondern ist das Ergebnis von zielgerichteter Hingabe und Engagement. In dieser fundamentalen Erkenntnis aus der Logotherapie liegt die große Übereinstimmung mit der Philosophie des erfolgreichen Wegs. In meinen Begegnungen und Gesprächen mit Viktor E. Frankl haben wir die Gemeinsamkeiten unserer Methoden immer wieder hervorgehoben.

Eine weitere wichtige Übereinstimmung ist die Vorwegnahme der Zukunft durch Wünsche und Ziele. Viktor E. Frankl hat vier Konzentrationslager überlebt, weil er sich in Gedanken seine positive Zukunft vorgestellt und ausgemalt hat. Das hat ihm die Kraft zum Überleben gegeben. Auch in der Erfolgsphilosophie spielen das Wünschen und das zielgerichtete Umsetzen der Wünsche in Form einer positiven Zukunftsplanung eine zentrale Rolle. Dabei kommt es weniger darauf an, was man denkt, sondern darauf, was man tut, wie man seine Wünsche und Träume in Handlungen umsetzt. Denn jedes Talent entfaltet sich nur durch Betätigung.

Umsetzung der Wünsche durch positive Zukunftsplanung

Wenige Jahre vor seinem Tod im Jahr 1997 habe ich Viktor E. Frankl mit dem großen amerikanischen Motivator Robert H. Schuller in Kontakt gebracht. Der große »Möglichkeitsdenker« Schuller war so angetan von der Begegnung mit dem Logotherapeuten aus Europa, dass er ihn spontan in seine Kristall-Kathedrale in Anaheim / Los Angeles zur Aufzeichnung seiner Sendung »Hour of Power« einlud – die übrigens auch in Deutschland ausgestrahlt wird –, wo er ein Drei-Stunden-Interview mit ihm führte. Einige Auszüge daraus, die bereits in unserer Zeitschrift *Der erfolgreiche Weg* (4/1994) veröffentlicht wurden, machen nicht nur die Gemeinsamkeiten zwischen Frankls »Sinn-Therapie« und der Philosophie des erfolgreichen Wegs deutlich, sondern zeigen auch auf, dass hier eine Brücke geschlagen wurde zwischen einem Erfolgssystem »Made in Europe« und dem amerikanischen »Positive Thinking«:

Robert H. Schuller: Ist es richtig, wenn ich Ihre Lehre so interpretiere, dass niemand uns die Freiheit nehmen kann zu wählen, wie wir auf etwas reagieren?

Viktor E. Frankl: Das ist wahr. Voraussetzung ist die Freiheit des Willens zum Wählen und das, was ich »Logotherapie« nenne, was wortwörtlich übersetzt »Sinn-Therapie« bedeutet. »Logos« ist das griechische Wort für Sinn und Therapie ist die therapeutische Behandlung – Behandlung durch Sinn, Heilung durch Sinn. Als ich noch im Lager war, sagte ich mir: »Du hast über das Leben gesprochen und geschrieben, über seinen Sinn, über die Bedingungslosigkeit dieser Bedeutung – und dass das Leben niemals seinen Sinn verliert, unter keinen Umständen. Auch wenn das Leiden nicht verhindert werden kann, dann gibt es vielleicht in dem Leiden etwas Sinnvolles, das man herausfiltern kann.« Weil nämlich die Einstellung, die wir in unserem Leiden – in unserer Hilflosigkeit und unserer Hoffnungslosigkeit – annehmen, das einzig Wichtige ist. Und somit versuchte ich diese tragische Situation in einen Triumph zu verwandeln, indem ich mir sagte: »Nun Viktor, du hast über dieses Thema gesprochen und Vorlesungen gehalten und geschrieben. Nun musst du es selber leben.«

Robert H. Schuller: An der Claremont Schule der Theologie, an der Sie vor 20 Jahren Vorlesungen hielten, hörte ich Sie sagen: »Für Freud ist es der Wille zur Freude; für Adler ist es der Wille zur Macht; und für mich, Viktor E. Frankl, ist es der Wille zum Sinn.« Das war einer der lebensbestimmendsten Sätze, die ich jemals hören sollte. Lassen Sie mich jetzt fragen: Was gibt dem Leben einen Sinn?

Viktor E. Frankl: Es gibt drei Wege, sinnvolle Erfüllung zu finden: eine Tat zu vollbringen oder etwas zu kreieren, etwas zu erwarten oder jemanden zu lieben und – wenn man die Ursache einer tragischen Situation nicht abwenden kann, als Zeugnis der Kraft des Menschen – eine tragische Situation in einen persönlichen Triumph zu verwandeln.

Wolfgang Mewes: Der Urheber der »Engpasskonzentrierten Strategie« (EKS)

»Glück ist kein Zufall! Glück zu haben ist ein System;
ein System, das uns die auf jeden von uns förmlich
›lauernden‹ Erfolgschancen erkennen und ausnutzen lässt.«
WOLFGANG MEWES

In den 40er und 50er Jahren des letzten Jahrhunderts sorgte der Bilanzbuchhalter, Rechnungsprüfer und Betriebswirtschaftsdozent Wolfgang Mewes, geboren 1924 in Berlin, durch seine »Erfolgsberatung« von kaufmännischen Angestellten für Aufmerksamkeit in der sich gerade entwickelnden Beraterszene. Als einer der Pioniere in Europa entwickelte er einen Fernlehrgang für Bilanzbuchhalter und gründete zu diesem Zweck seinen eigenen Verlag mit dem Ziel, nicht nur Wissen zu vermitteln, sondern die Menschen über seine Publikationen systematisch und Schritt für Schritt zum Erfolg zu führen. Er war sich bewusst, dass zwischen dem Wissen eines Menschen und seinem beruflichen Erfolg eine Lücke klaffte. Deshalb war es sein Anliegen, die Frage zu klären, was den einen trotz geringem Wissen erfolgreich sein und den anderen trotz großem Wissen erfolglos bleiben ließ. Es gelang ihm immer häufiger, seine Anhänger durch seine Beratungsarbeit zum Erfolg zu führen. Aus den einzelnen, durch Erfahrung gewonnenen Erkenntnissen entwickelte er im Zusammenspiel mit Ratschlägen, praktischer Umsetzung und Erfolgsberichten Grundsätze. Er entdeckte in anderen Fach- und Wissensgebieten, zum Beispiel in der Betriebswirtschaftslehre, in der Werbung oder in der Psychologie, Ansätze, die ihm geeignet schienen, in seine Beratung einzufließen und die er nutzte, um seinen Erfolgsprinzipien eine fundierte Grundlage zu geben.

Was macht Menschen erfolgreich?

Die Wirksamkeit der Methode sprach sich immer mehr herum. Nach und nach kristallisierten sich aus vielen Tausend Beratungen und vielen Tausend Erfolgsberichten klare Grundregeln für eine erfolgreiche berufliche Verhaltensweise heraus. Mewes war sich aufgrund der sich häufenden Erfolgsberichte der »Zwangläufigkeit des Erfolgs« so sicher, dass er jedem, der auch nur zwei seiner Grundregeln konsequent befolgen würde, einen größeren beruflichen Erfolg garantierte.

Beruflicher Erfolg als Ergebnis beeinflussbarer Komponenten

Der berufliche Erfolg ist für ihn das Ergebnis einer Reihe von Komponenten, die zum Teil beeinflussbar (zum Beispiel durch eigene Aktivität, Verhalten gegenüber Vorgesetzten und Kollegen oder Methoden der Eigenwerbung), teils aber auch schwer oder gar nicht beeinflussbar sind (zum Beispiel Konjunkturlage, Konkurrenz im Betrieb, Charakter der Vorgesetzten). Zwar könne man an den kaum oder gar nicht beeinflussbaren Komponenten nur wenig ändern, doch könne man sie durch die beeinflussbaren Komponenten überkompensieren. Diese Wirkung verglich Mewes mit dem Bau einer Brücke: »Auch dort kann man nicht alle auf die Brücke einwirkenden Einflüsse vorausberechnen und doch kann man die Brücke so zuverlässig bauen, dass sie der vorgesehenen Belastung in jedem Fall gewachsen ist.«

Jeder Anfangserfolg zieht weitere Erfolge nach sich

Eine seiner wichtigsten und nach eigenem Bekunden auch beglückendsten Erfahrungen war für Wolfgang Mewes, »dass selbst dem kleinsten Anfangserfolg eine Kettenreaktion weiterer Erfolge folgt«. Daraus leitete er die Erkenntnis ab: »Wer sich nur ein wenig über den Durchschnitt hebt, startet damit plötzlich eine progressive Erfolgskurve. Sein Abstand zum Durchschnitt nimmt fortdauernd zu und verringert sich erst dann, wenn er beginnt, sich auf seinen Lorbeeren auszuruhen.«

Auf der Basis seiner langjährigen Forschungs- und Beratungsarbeit begründete Mewes 1970 die »Engpasskonzentrierte Strategie« (EKS). Die EKS ist die Lehre vom wirkungs vollsten Einsatz der Kräfte und Mittel. Dahinter steht die Erkenntnis, dass jedem Menschen – und auch jedem Unternehmen – ein gewisses Maß an Kräften und Mitteln ganz verschiedener Art zur Verfügung steht. Ziel ist, diese Kräfte und Mittel mit der in der gegebenen Situation objektiv größtmöglichen Wirkung einzusetzen. Die Umsetzung der EKS im privaten und/oder betrieblichen Umfeld geschieht also durch die Konzentration der vorhandenen Kräfte und Ressourcen auf den wirkungsvollsten Punkt. Damit kann es praktisch jedem Menschen und Unternehmer gelingen, sich strategisch neu zu orientieren und mit geringem Kräfteeinsatz um ein Mehrfaches erfolgreicher zu werden.

Konzentration der Kräfte auf den wirkungsvollsten Punkt

Wie auch die Psychologie des erfolgreichen Wegs entspricht die Denkweise der EKS den natürlichen Entwicklungsgesetzen lebender Systeme. Sie wird von der Natur bestätigt. Das richtige strategische Verhalten bedeutet größtmögliche Effektivität und Harmonie im Einsatz der Kräfte und Mittel. Eines der wesentlichen Erkenntnisse ist der Nachweis, dass Menschen und Unternehmen ihre Probleme ganzheitlich lösen können. Dazu gehört auch die Erkenntnis, dass über den Erfolg die bessere Strategie entscheidet und nicht die Größe der eingesetzten Kräfte und Mittel. Das gilt umso stärker, je entwickelter und damit komplexer die Systeme werden. Selbst geistige Kräfte entwickeln sich durch wachsende Motivation und Beschleunigung der Lernprozesse schneller.

Die Denkweise der EKS löst Probleme ganzheitlich

Eine weitere Parallele zu unserer Erfolgspsychologie ist, dass sich die EKS im Gegensatz zu anderen Strategien, die sich oft nur mithilfe kostspieliger Berater umsetzen oder sich nicht in kleinen und mittleren Unternehmen anwenden lassen, weil sie zu aufwändig und kompliziert sind, im Selbststudium erlernen und anwenden lässt.

Die 4 Grundprinzipien der EKS

Prinzip 1 *Konzentration der Kräfte auf Stärkenpotenziale,*
Abbau von Verzettelung
Alles was ich erreiche, kommt aus mir selbst: Es gibt keinen
Misserfolg, es gibt nur Ergebnisse – Ergebnisse meiner eigenen Anstrengungen und Bemühungen. Unterstützt durch
eine Vorgehensweise, die sich an meinen Fähigkeiten und
meinen Möglichkeiten orientiert und im Einklang mit meiner Mitwelt steht, schaffe ich, was ich mir vornehme, und
weiß jederzeit, was ich tue.

Prinzip 2 *Orientierung der Kräfte auf eine eng umrissene*
Zielgruppe
Nicht für jeden ist meine Leistung, sind meine Produkte glei-
chermaßen sinnvoll und nützlich – ganz bestimmte Menschen aber brauchen sie dringend. Für die setze ich mich ein,
denen stelle ich all mein Wissen und meine Fähigkeiten zur
Verfügung. Diese Zielgruppe ist auch bereit, meine Leistung
entsprechend dem gebrachten Nutzen zu würdigen.

Prinzip 3 *In die Lücke gehen, die Nische suchen*
Was schon angeboten ist, kann nicht meine Sache sein. Meine Lösungen zielen auf Bereiche, die bisher vernachlässigt
wurden oder die es noch zu entdecken gilt. Dafür hole ich
mir gerne auch Anregungen aus anderen Disziplinen – ich
setze meine ganze Fantasie ein.

Prinzip 4 *Sich in die Tiefe der Problemlösung entwickeln, Marktführer-*
schaft anstreben
Wenn ich Anerkennung gefunden habe, mich bewährt und
das volle Vertrauen meiner Auftraggeber oder Vorgesetzten
erworben habe, wenn die Lösungen stimmen, dann führt
das zu einer Symbiose, zu einem gegenseitigen Nutzen zwischen meiner Zielgruppe (Kunden) und mir; wir entwickeln
uns gemeinsam weiter und nutzen dabei die entstehenden

Synergien voll aus. Durch die enge und vertrauensvolle Zusammenarbeit entwickle ich mich zum besten Problemlöser in diesem Bereich, zum Marktführer bei meiner Zielgruppe – gewollt und unterstützt von meinen Partnern und meiner Mitwelt, konkurrenzlos und einzigartig.

Das Sieben-Phasen-Programm

Um dieses Ziel zu erreichen, hat Mewes ein Sieben-Phasen-Programm entwickelt, das eine Erfolgsspirale in Gang setzt:

Die Erfolgsspirale in Gang setzen

- In *Phase 1* werden die Ist-Situation festgestellt und die speziellen Stärken als Kernkompetenz herausgearbeitet.
- *Phase 2* erforscht das am meisten Erfolg versprechende Geschäfts- bzw. Aufgabenfeld.
- Daraus ergibt sich die *Phase 3*, bei der die am meisten Erfolg versprechende Zielgruppe herausgefiltert wird.
- *Phase 4* nimmt sich des brennendsten Problems (Entwicklungsengpass) der Zielgruppe an. Weil die engpasskonzentrierte Strategie in ihrem Kern eine Methode zur Beschleunigung von Lernprozessen ist, folgt die
- *Phase 5*, die Innovationsphase. Damit hat der Anwender eine systematische Problemlösungsmethode an der Hand, die ihn bei der Zielgruppe unersetzbar macht.
- Nicht jeder kann alles; bei der notwendigen Konzentration auf die Kernkompetenz nimmt *Phase 6*, die sich mit der Kooperation befasst, eine wichtige Stellung ein.
- Am Ende steht *Phase 7*, mit deren Hilfe ein andauerndes soziales Grundproblem für die jeweilige Zielgruppe dauerhaft gelöst wird, was einer reinen Verfahrens- oder Produktspezialisierung entgegensteht. Mit dieser Problemlösung wird die Marktführung angestrebt.[4]

---

4 Homepage von Wolfgang Mewes, www.WolfgangMewes.de

Die Konzentration auf die persönlichen Stärken als Kern des Erfolgs

Der EKS-Methode von Wolfgang Mewes liegt die Erkenntnis zugrunde, dass die Konzentration der Kräfte auf den wirkungsvollsten Punkt – auf die Kernkompetenz, die persönlichen Stärken, die am meisten Erfolg versprechende Zielgruppe, das am meisten Erfolg versprechende Geschäft – der Kern eines jeden Erfolgs ist. Wie auch in der Erfolgsphilosophie ist es das Ziel der Methode, durch Nutzenorientierung Problemlösungskompetenz zu entwickeln und durch Spezialisierung den Erfolg in der Marktnische zu erhöhen und die Marktführerschaft zu erlangen.

K. O. Schmidt: Ein neuer Mensch in einem Jahr

»Wo immer Menschen sich begegnen,
wird Einfluss ausgeübt – positiv oder negativ.«
K. O. SCHMIDT

In einem Jahr kann jeder ein neuer Mensch werden. Das versprach der Schriftsteller und Lebensberater Karl Otto Schmidt (1904–1977), bekannt geworden unter dem Kürzel K. O. Schmidt, allen, die bereit waren, sein dreibändiges Training *Neue Lebensschule – Ein Jahresplan der Lebens- und Erfolgsbemeisterung* zu absolvieren. Schmidt, der 1941 wegen seiner Veröffentlichungen vorübergehend ins KZ kam, wird zu den Klassikern des *neuen positiven Denkens* gezählt. Er starb in den 1970er-Jahren in Reutlingen. Als Verfasser von über 100 Büchern und mit einer Auflage von insgesamt über zwei Millionen Titeln wurde K. O. Schmidt auch international bekannt. Mit seinem Werk *Neue Lebensschule* wollte er seinen Anhängern dabei helfen, die positiven Kräfte ihrer Seele zu entfalten und alle Lebenshemmungen und -hindernisse zu überwinden.

In 52 Wochenlektionen wird der »Lebensschüler« in allen praktischen Lebensfragen unterwiesen, deren Beherrschung und Meisterung ihm eine dauerhafte Grundlage verschaffen und auf der die materielle und geistige Weiterentwicklung aufgebaut werden kann. Dabei wird nicht nur mit den Kräften des Unbewussten gearbeitet, sondern auch mit den schöpferischen Energien des Überbewussten. Schmidt machte deutlich, wie man in Harmonie mit sich selbst und der Umwelt, dem Leben und dem Unendlichen leben kann.

Mit dem Unter- und Überbe-wussten arbeiten

Dazu muss man laut Schmidt »richtig denken lernen«. In dieser Kunst könne es jeder zur Meisterschaft bringen. Jeder, so eine zentrale Botschaft der *Neuen Lebensschule*, kann zum Gesetzgeber seiner selbst und seines Lebens werden. Alle Gegebenheiten des Lebens sind für den esoterisch und religiös geprägten Lebensphilosophen dem Menschen als Lehr- und Baustoff gegeben – ihre Bedeutung und Auswirkung hängt davon ab, was der Mensch aus ihnen macht. Heute genügt es laut Schmidt nicht mehr, nur mit den vordergründigen Kräften des »Wachbewusstseins«, des »Ich« zu wirtschaften: »Wer zur Lebensmeisterung gelangen will, muss die viel weiter reichenden Kräfte und Fähigkeiten seines Unterbewusstseins, des Es, und darüber hinaus die wirkstarken genialen Tiefenkräfte seines Überbewusstseins, des Selbst, positiv aktivieren.«

In der neuen Lebensschule werden negative Denk- und Verhaltensweisen durch systematisches Training der »richtigen« Denk- und Verhaltensweisen ausgeschaltet. Die positiven Gewohnheiten ersetzen im Laufe der Zeit die hemmenden Fehlhaltungen, Fehlschaltungen und Fehlschläge. Dabei wird mit dem »Drei-Stufen-Weg der Lebenskunst« der Weg nach oben bewusst gemacht, damit die Schüler ihr Lebensziel und ihren eigenen Weg erkennen und gehen und auf ihm dem Doppelziel der Selbstverwirklichung und Lebenssinnerfüllung näherkommen:

Systematisches Training der »richtigen« Denk- und Verhaltensweisen

Der Drei-Stufen-Weg zu schöpferischem Menschentum

Unterstufe

- Auf dieser Stufe leben die meisten Menschen am Leben vorbei. Sie verlegen die Verwirklichung ihrer Wünsche, die Erfüllung ihrer Hoffnungen in die Zukunft – und versäumen darüber die Ausschöpfung der Möglichkeiten der Gegenwart. Da sie kein klares Lebensziel haben, sind sie sich über ihren Weg weithin im Unklaren. Der Vorwärtsstrebende auf dieser Stufe spürt, dass er im Grunde nur einen Bruchteil der Kräfte und Möglichkeiten ausschöpft, die in ihm angelegt sind, und sucht gern Rat und Hilfe bei anderen. Als Mittel zu einem besseren Leben gelten Wissen und Können.

Mittelstufe

- Auf dieser Stufe ist der Mensch lebenswacher, hat bestimmte Nahziele und manchmal auch ein Lebensziel. Der Vorwärtsstrebende lernt, mehr Möglichkeiten zu realisieren und seine Probleme mehr und mehr selbst zu lösen. Zum Wissen als Mittel zu einem besseren Leben kommen Ahnung, Instinkt und Inspiration hinzu und helfen dem Menschen dabei, sich von einem Könner zum Lebenskünstler zu entwickeln.

Oberstufe

- Der Mensch auf dieser Stufe weiß um sein Lebensziel und ordnet alle Nahziele diesem letzten wesentlichen Fernziel unter. Er entfaltet nach dem Grad seiner seelischen Reife und Wachheit die Fülle seines schöpferischen Vermögens im Dienst der fortschreitenden Selbstverwirklichung, wobei ein neues Element hinzutritt: die bewusste Partnerschaft mit dem »inneren Helfer«, die positive Zusammenarbeit mit seinem innersten Selbst oder dem Genie in ihm. Der Mensch auf der Oberstufe des schöpferischen Menschentums lebt aus der Ganzheit seines Wesens und unter der Weisheit der inneren Führung. Wissen wandelt sich in Weisheit, Kennen und Können in schöpferische Sonderleistung.

Das »Selbst« ist für K.O. Schmidt »des Schicksals ewige Quelle«, weshalb derjenige am stärksten und glücklichsten sei, der vollkommen zu sich selbst gefunden und seine schöpferischen Fähigkeiten am höchsten entfaltet hat. Zu dieser Selbstentfaltung führt laut Schmidt die Bewusstmachung der *drei Grundtatsachen des Lebens*:

1. Der Mensch entscheidet, nicht die Umstände.
2. Der Mensch besitzt mehr Kraft, als er ahnt.
3. Der Mensch ist größer und reicher, als er denkt.

Die drei Grundtatsachen des Lebens führen zur Selbstentfaltung

Ausgangspunkt der neuen Lebensschule ist die Grunderkenntnis, dass jeder Mensch selbst die Stufe bestimmt, auf der er lebt, dass jeder sich selbst seinen Wert gibt und so viel Achtung genießt, wie er sich selbst erweist.

In den Wochenlektionen lernen die Lebensschüler das Denken und Handeln, das sie befähigt, ihr Leben und ihr Schicksal mit Gewinn zu meistern. In der 10. Woche zum Beispiel wird die Steigerung der Willenskraft trainiert. Dabei lernt der Schüler Schritt für Schritt, seinen Willen zu wecken, ihm eine Richtung zu geben und ihn auf ein Ziel zu lenken. Gegen Selbstzweifel, Unzufriedenheit oder Verzagtheit empfiehlt K.O. Schmidt eine einfache *Besinnungsformel*, die den Willen stärken soll. Parallelen zu unserer Erfolgspsychologie (»Ich kann, was ich will!«) sind dabei unverkennbar:

Ich denke – also bin ich!

Ich bin – also will ich!

Ich will – also kann ich!

Ich kann – also handle ich!

Die Besinnungsformel stärkt den Willen

Eine weitere Lektion befasst sich damit, wie sich der Lebensschüler vor Fremdbeeinflussung schützen kann. Zum Beispiel, indem er unnötigen Umgang mit negativen Menschen meidet und den Blick freihält für alles Gute und Schöne im Leben, während er das Negative nicht beachtet. Klares Ziel des Ein-Jahres-Trainings ist die Entfaltung der Genialität, des »Riesen in uns«, wie K.O. Schmidt es nennt: »Dieser Riese in uns ist die Potenz der gewaltigen Schöpferkräfte in den Tiefen unseres Unterbewusstseins, kollektiven Unterbewusstseins, Überbewusstseins, All- und Gottbewusstseins. Er ist tausendmal stärker als alle Kräfte des äußeren Menschen. Denn dieser ist trotz seiner Verwurzelung im Unbewussten ganz diesseitiger und vergänglicher Natur, während der Riese in uns im Jenseitigen wurzelt, im Inseits, im Ewigen, im Göttlichen.«

Von K.O. Schmidt zur Philosophie des erfolgreichen Wegs

Zur Persönlich-keitsentwicklung mit dem Unterbewusstsein arbeiten
Wie in der Erfolgsphilosophie steht in der neuen Lebensschule von K.O. Schmidt die Nutzung der Kräfte des Unterbewusstseins und der schöpferischen Energien des Bewussten zur Weiterentwicklung der Persönlichkeit im Mittelpunkt. Beide Methoden schließen den Zufall als schicksalsbeeinflussenden Faktor im Leben aus und stärken den Einzelnen darin, sein Leben und sein Schicksal in die eigene Hand zu nehmen und sich selbst zu verwirklichen. Auch K.O. Schmidt geht davon aus, dass jeder Mensch in seinem tiefsten Inneren ein Genie ist und dass es jeder auf seinem Spezialgebiet zur Meisterschaft bringen kann.

Schmidt wird zwar von der Grunderkenntnis geleitet, dass Meisterschaft nur durch kontinuierliches Training, durch ständige Wiederholungen des Gelernten erreicht werden kann. Allerdings lässt er dabei zuweilen ein klares Konzept vermissen – ihm geht es vor allem darum, die Genialität in den Menschen zu entwickeln, sie klüger zu machen. Die reine Anhäufung von Wissen führt unseres Erachtens aber nicht zum Erfolg. In der Erfolgsphilosophie steht das Können im Mittelpunkt – nur der Könner, der konzentriert sein Ziel ansteuert, hat das Potenzial, erfolgreicher zu werden.

Richard Müller-Freienfels: Grundlagen der Menschenkenntnis und Menschenbehandlung

>*»Ein guter Lehrer lehrt nicht bloß, sondern er lernt auch von seinen Schülern. Ein guter Vorgesetzter befiehlt nicht bloß, sondern empfängt auch von seinen Untergebenen Direktiven. Und sich selbst höher entwickeln kann man nur im Zusammenleben mit anderen.«*
> RICHARD MÜLLER-FREIENFELS

Eine »Psychologie für Jedermann« brachte der deutsche Philosoph und Psychologe Prof. Dr. Richard Müller-Freienfels (1882–1949) im Jahr 1925 mit seinem Buch *Die Seele des Alltags* heraus. »Wie es einen Landwirt reizen mag, die Felder, die er werktags mit schwerem Pfluge beackert, am Sonntag behaglichen Schrittes zu durchwandern und Freunden zu zeigen, was er und andere auf jenen Fluren erarbeitet haben, so lockte es den Verfasser dieses Buches, die Dinge, um die er sonst methodisch forschend müht, einmal frei von allem Kathederton zu behandeln«, erklärte der einstige Berliner Oberlehrer das Entstehen seiner Lehre.

Erkenntnisse der Seelenkunde bieten Verhaltensrichtlinien für menschliche Beziehungen

Sein erklärtes Ziel war es, die Anschauungen und Denkformen der modernen Seelenkunde auf das tägliche Leben anzuwenden und daraus Verhaltensrichtlinien für die menschlichen Beziehungen im Alltag zu entwickeln. Eine »merkwürdige Erscheinung« war es für ihn beispielsweise, »dass mit der ungeheuerlichen Ausbreitung unseres Wissens um die Außenwelt das Wissen um die Innenwelt nicht Schritt gehalten hat«. »Man lebt das eigene Leben, ohne viel über dessen Gesetzlichkeit und dunkle Untergründe nachzudenken«, schrieb er in seinem Standardwerk *Menschenkenntnis und Menschenbehandlung*.

Selbsterkenntnis war für ihn der beste Weg, um ins menschliche Innere einzudringen. Allerdings sei Selbsterkenntnis nicht durch Nachdenken über sich selbst zu erreichen, weil er – ganz im Sinne von Nietzsche – davon überzeugt war, dass sich jeder selbst der Fernste ist. Deshalb führt für ihn der Weg zur Selbsterkenntnis über die Fremderkenntnis – man könne sich selbst nur erkennen, wenn man sich mit anderen vergleicht und Ähnlichkeiten und Verschiedenheiten feststellt, was die Kenntnis anderer Menschen voraussetze. Selbsterkenntnis und Menschenkenntnis gehören aufgrund dieser Erkenntnis für Müller-Freienfels untrennbar zusammen.

Fremderleben und Selbsterleben gehören zusammen

Er lehrte, wie die »Äußerungen des Innenlebens anderer Menschen erkannt, verstanden und in eine schöpferische Menschenbehandlung umgesetzt werden können«. Er gab Anleitungen zum intuitiven Erkennen fremder Charaktere – etwa durch das »Lesen« in Gesichtern oder durch das richtige Interpretieren der Körpersprache. Charakterkunde war für ihn die »Stilkunde des Lebens«, denn alles, was der Mensch tue, habe seinen Stil. Und weil nach seiner Überzeugung in allem Fremderleben auch immer ein Selbsterleben steckt und weil alles Selbsterleben stets den Hintergrund des Fremderlebens hat, sei Menschen- und Seelenkenntnis möglich, die jedoch stets beides umfassen müsse: das Erleben fremden und das Erleben eigenen Seelenlebens, die sich zusammen und miteinander entwickeln. Darin liegt für ihn der Ausgangspunkt aller Psychologie und Charakterkunde.

Von Richard Müller-Freienfels zur Philosophie des erfolgreichen Wegs

Ein wesentliches Element von Müller-Freienfels' Lehre war die Menschenbehandlung durch Suggestion. Dazu zählte für ihn ebenso die Fremdsuggestion wie die Selbst- oder Autosuggestion. Er kam in seinen Forschungen zu der Erkenntnis, dass sich nicht nur Ideen und Weltanschauungen suggerieren lassen, sondern alle Arten von seelischen Erkenntnissen, objektive wie subjektive. Er entdeckte, dass die Suggestion »eine gewaltige Macht in der Welt« ist. Dabei kam es ihm vor allem darauf an, die Suggestivtechniken zum eigenen und zum Wohl anderer einzusetzen. Zum Beispiel bei der Behandlung von Krankheiten. »Da man sich Krankheiten suggerieren kann, warum soll es nicht möglich sein, sich auch Gesundheit zu suggerieren?«, fragte er sich und kam zu dem Ergebnis: »Jedenfalls ist es empfehlenswert, sich Gesundheit statt Krankheit zu suggerieren.«

Die Anwendung der Suggestion ist auch das wichtigste Werkzeug in unserer Philosophie des erfolgreichen Wegs. Wir nutzen die Autosuggestion zur zielgerichteten Beeinflussung des eigenen Unterbewusstseins – und wir empfehlen Suggestivtechniken, um das Unterbewusstsein unserer Mitmenschen zu öffnen und um Menschen zu ihrem eigenen Wohl und Nutzen zum Erfolg zu führen. Denn wie Richard Müller-Freienfels, der die Wirksamkeit der Suggestion in empirischen Studien erforscht hat, sind wir aufgrund unserer langjährigen praktischen Erfahrungen zu der Erkenntnis gelangt, dass die positive Menschenbehandlung durch Suggestion eine wirksame Methode ist, sich selbst und die Welt, in der wir leben, zu verändern. Wer die Techniken der Suggestion beherrscht, ist ein Meister in der Beeinflussungskunst.

Positive Menschen-behandlung durch Suggestion

3. Der erfolgreiche Weg: Die Lehre der Erfolgreichen

Die Suche nach einem sicheren System: Die ersten Erfolgstrainer

Im Laufe unserer langjährigen Studien haben wir vom Erfahrungsschatz und von den Forschungsergebnissen großer Lehrer und Wissenschaftler profitieren können. In diesem Buch können wir nicht alle nennen, die unseren Wissensschatz in den vergangenen Jahrzehnten angereichert haben. Unsere Ambition war es nie (und ist es bis heute nicht), ein völlig neues, noch nie da gewesenes System zu kreieren, sondern das geballte Wissen und die Erkenntnisse der klügsten Köpfe der Vergangenheit und Gegenwart in ein funktionierendes, von jedem Menschen leicht erlernbares und anwendbares System umzusetzen. Denn es gibt 1000 Wege, die in die Zukunft führen – doch nur ein Weg führt an die Spitze!

Die Philosophie des erfolgreichen Wegs hat viele geistige Väter

Die Philosophie des erfolgreichen Wegs hat viele geistige Väter und basiert auf einer Wissensgrundlage, die sich durch die Jahrhunderte bewährt hat. Im Wissensschatz der großen Weisheitslehrer der Geschichte konnten wir vieles finden, was unser System unterstützt, erweitert oder beeinflusst hat. Es ist damit vielleicht das fundierteste System zur Persönlichkeitsentwicklung.

Wir haben unseren Vorfahren gegenüber einen entscheidenden Vorsprung: Wir haben die Chance, alle Weisheitslehren der Welt und der Geschichte zu sammeln, zu ordnen und Nutzen daraus zu ziehen. Dabei orientieren wir uns an den Lehren, die unser ganzes persönliches Leben im Hier und Jetzt bereichern können.

Epikur und die Befreiung von der Zwangsherrschaft der Furcht

»Das Dasein des Weisen wird nur in nebensächlichen Dingen von Zufall gestört, denn die wichtigen, wirklich bedeutenden Dinge hat seine Überlegung im Voraus geregelt und hält sie auch im Laufe der Zeit in Ordnung.«[1] Diese Aussage des griechischen Philosophen Epikur bildet eine zentrale Botschaft der Erfolgsphilosophie ab: die Erkenntnis, dass nicht der Zufall für unser Schicksal verantwortlich ist, sondern dass wir unser Schicksal in die eigene Hand nehmen und mit System planen müssen, um unser Leben zu meistern.

Nimm dein Leben in die eigene Hand und plane mit System!

Epikur wurde im Jahr 341 v. Chr. auf der griechischen Insel Samos geboren und ging mit 14 Jahren in die Schule des Nausiphanes nach Theos. Er war ein Schüler des »lachenden Philosophen« Demokrit, der das höchste Gut des Menschen in der »Wohlgemutheit« (Euthemia) sah, die aus der Ruhe und Heiterkeit der Seele kommt. Über Mytilene auf Lesbos und Lamsakos kam Epikur nach Athen, wo er sich 306 v. Chr. niederließ. Hier gründete er die erste Kuranstalt der europäischen Geschichte und verbreitete auch in seinem großen Schüler- und Freundeskreis seine Lehre der Lebenskunst. Weil er seine Kuranstalt auf einem großen Gartengrundstück

---

1 In: Alfred Gierer: *Biologie, Menschenbild und die knappe Ressource Gemeinsinn*, Würzburg 2005

eingerichtet hatte, wurden seine Anhänger, die Epikureer, auch die »Philosophen des Gartens« genannt.

Seelenfrieden durch Weisheit, Bildung und Vergnügen

Vor allem in der Freundschaft mit Gleichgesinnten sah Epikur die Möglichkeit, das höchste erstrebenswerte Ziel des Menschen zu erreichen: die Überwindung der Angst und damit den vollkommenen Frieden der Seele. Um dieses Ziel zu erreichen, bedürfe es der Weisheit und Bildung, aber auch des Vergnügens. »Wenn du alle Sinneswahrnehmungen verwirfst«, begründete er seine sinnenfrohe Philosophie, »dann besitzt du auch keine Stütze, auf die du dich beziehen kannst, um eine einzelne für irrig zu erklären.«

Aberglauben und Religion als Wurzeln menschlichen Unglücks

Aberglauben und Religion waren für den Philosophen die Wurzeln allen menschlichen Unglücks, da sie statt Lebensfreude Todesfurcht verbreiteten. »Es ist sinnlos, von den Göttern zu fordern, was man selbst zu leisten vermag«, erklärte er die Abwendung vom blinden Gottvertrauen und die Pflicht zu einem Leben in Selbstverantwortung. Gleichzeitig erklärte er die Lust zum höchsten Glück. »Durch Freuden werden wir gestärkt, durch Schmerzen aber geschwächt«, sagte er – und wurde deshalb oft als Philosoph des Unglaubens und oberflächlichen Sinnengenusses bezeichnet. Zu Unrecht, denn er unterschied stark zwischen dem erstrebenswerten *dauerhaften* Guten und den oberflächlichen Reizen des Augenblicks. Er propagierte die Selbstgenügsamkeit des einfachsten und bedürfnislosesten Wegs zur Freiheit, in der sich die Würde des Menschen offenbart und ihn von der »Zwangsherrschaft der Furcht« befreit. Damit meinte er jedoch nicht die Freiheit, zu tun, was immer beliebt, und ebenso wenig die Freiheit, einem Dogma zuliebe allen Neigungen und Freuden abzusagen. In seinem Brief an Menoikus schrieb Epikur: »Wenn wir sagen, dass die Lust das Ziel sei, meinen wir nicht die Lust des Wüstlings, die ganz im Genießen aufgeht, sondern die Freiheit von körperlichen Beschwerden und von Beunruhigungen der Seele.« Er ist davon überzeugt, »dass es nicht möglich ist, lustvoll zu leben, ohne einsichtsvoll, voll-kommen und gerecht zu leben, ebenso wenig, ohne lustvoll zu leben. Denn die Tugenden sind ursprünglich verwachsen mit dem lustvollen Leben, und das lustvolle Leben ist von ihnen untrennbar.«[2]

Epikur litt lange unter einem sehr schmerzhaften Nierenlei-den, das er mithilfe seiner Philosophie der Freude und Sinn-lichkeit ertragen konnte – und kann damit wohl getrost als Urvater des Placebo-Effekts oder auch der positiven Autosug-gestion betrachtet werden. »Die Summe des Glücks ist die Gesundheit des Körpers und der Seele«, lautete einer seiner Thesen. Er vertrat dabei die Überzeugung, dass seelische Schmerzen schwerer zu ertragen seien als körperliche, denn im Unterschied zum Körper sei die Seele nicht nur vom Ge-genwärtigen, sondern auch vom Vergangenen und Zukünfti-gen belastet. Dies sei aber auch der Grund dafür, dass die Freuden der Seele die größeren seien. Dazu Epikur an Menoi-keus: »Für keinen ist es zu früh und für keinen zu spät, sich um die Gesundheit der Seele zu kümmern.«[3]

Die Summe des Glücks ist die Gesundheit des Körpers und der Seele

Die freie Geisteshaltung und die Harmonie der Seele war für ihn das Ziel, das durch kein noch so ideal erscheinendes Be-streben infrage gestellt werden dürfe. Selbst die Wissenschaft hat für Epikur nur dem Zweck der menschlichen Freiheit zu dienen. In seiner Philosophie hat der Einklang mit den Na-turgesetzen die höchste Bedeutung. Den Menschen sah er als Teil der Natur, geschaffen zur Gemeinschaft. »Wenn du deine Handlungen nicht jederzeit nach dem von der Natur gesteck-ten Ziel ausrichtest, sondern ihnen, mag es sich um Meiden

---

2 Epikur, *Brief an Menoikeus*, übersetzt und herausgegeben von H.-W. Krautz, Reclam Stuttgart 1980

3 Epikur, *Brief an Menoikeus*, https://www.uni-rostock.de/fakult/ philfak/fkw/iph/strobach/veranst/therapy/epikur.html

oder Streben handeln, vorher irgendeine andere Richtung gibst, dann werden deine Taten nicht mit einem vernünftigen Denken übereinstimmen.«

Die Stoiker: Gelassen auf der Suche nach Glück

Tugendhaftes Leben, innere Ruhe und Gelassenheit = Weisheit

Für die Stoiker war Weisheit nicht möglich ohne ein tugendhaftes Leben, innere Ruhe und Gelassenheit. Gründer der Philosophenschule Stoa war ein Mann namens Zenon, der aus der kleinen Stadt Kinion auf der Mittelmeerinsel Zypern stammte. Er ging davon aus, dass der Sinn des Lebens in der »Suche nach dem Glück« bestand. Voraussetzung für Glück war für Zenon die Ausschaltung aller Affekte, die die Seele des Menschen in Erregung versetzen – wie Begierde, Furcht und Trauer, aber auch Freude – und ein Leben in vollkommener Tugend. »Ausgeglichenheit und ein in allen Dingen mit sich im Einklang stehender Verlauf des Lebens« ist für die Stoiker »hinreichend zur Glückseligkeit«. Die mit sich im Einklang stehende Seele sahen sie als höchstes Gut an. Wer ein affektfreies, tugendhaftes und ausgeglichenes Leben führe, sei »in höchstem Maße glücklich, erfolgreich, selig, gesegnet, fromm, gottgeliebt, würdevoll, königlich, feldherrlich, staatsmännisch, wirtschaftlich und geschäftstüchtig«[4] – kurz: das Ideal des vollkommenen Menschen.

Noch heute verstehen wir unter »stoischer Ruhe«, wenn ein Mensch sich durch nichts aus der Fassung bringen lässt und gleichmäßig auf alle Widrigkeiten des Lebens reagiert.

---

4 M. Hossenfelder: *Antike Glückslehren. Kynismus und Kyrenaismus, Stoa, Epikureismus und Skepsis,* Stuttgart 1996

Heilslehren und Heilsbotschaften vom alten Ägypten bis zur Neuzeit

Bereits vor weit mehr als 4000 Jahren waren die Ägypter in ihrem Denken und Handeln von ihren Alltagserfahrungen geprägt. Im Mittelpunkt ihres Glaubens stand die Wechselwirkung von Chaos und Kosmos, mit der sie den Zustand der Welt vor und nach der Schöpfung beschrieben und die sie im Rhythmus der Natur wiederfanden. Dem Chaos der alljährlichen Nilüberschwemmungen folgte immer wieder die Vegetation, die Fruchtbarkeit, das Leben. Tod und Leben, Diesseits und Jenseits waren die immer wiederkehrenden Mythen. Der Fruchtbarkeitsgott Osiris war gleichzeitig auch der Gott des Todes und die Himmelsgöttin Nut wird in den altägyptischen Reliefs als Verbindungsglied zwischen Himmel und Erde, Tag und Nacht, Sonnenaufgang und Sonnenuntergang dargestellt, als Verbindung zwischen Werden und Vergehen. Die Wechsel und Gegenpole in der Natur waren die Grundlage für die Mythen und religiösen Gebräuche im alten Ägypten. Die Natur als Vorbild – in der altägyptischen Kultur findet sich eine wichtige Komponente, die auch in der Philosophie des erfolgreichen Wegs als Erklärungsmuster für den Sinn im Leben dient.

Altägyptische Mythologie

Die altchinesischen Philosophen gaben dem Phänomen der Wechselwirkungen die Bezeichnung »Yin und Yang«. Mit dem Prinzip des Yin und Yang wollten die chinesischen Weisheitslehrer Ordnungen und Beziehungen im Universum erkennen und erklären. Die drei Komponenten des Alls sind Himmel, Erde und Mensch. Sie stehen nach dem chinesischen Denken in enger Beziehung zueinander und werden von einem allumfassenden Gesetz regiert. Dieses Ordnungsprinzip des Weltgebäudes gilt auch für die menschliche Gesellschaft. Danach ist die Voraussetzung für ein glückliches Leben der Einklang mit dem Kosmos – also die Übereinstimmung mit den Naturgesetzen. Eine Störung in einem Be-

Yin und Yang

reich hat auch Störungen in den anderen Bereichen zur Folge.

Yang gilt als das männliche, aktive, zeugende, schöpferische und leuchtende Prinzip, während Yin für das weibliche, passive, empfangende, hingebende und verhüllende Prinzip steht. Diese gegensätzlichen Prinzipien bekämpfen sich nicht, sondern ergänzen sich und bringen durch ihr harmonisches Zusammenwirken alle Erscheinungen des Kosmos hervor. Die Ordnung, die daraus entsteht, wird mit dem Begriff »Dao« definiert. »Dao« bedeutet ursprünglich »Weg« und umschreibt den Weg der Gestirne am Himmel. Es bezeichnet aber auch den »sinnvollen« Weg, der zum Ziel führt, die Ordnung und das Gesetz, das in allem wirkt. In der Philosophie des erfolgreichen Wegs wurde das Prinzip des Yin und Yang auf eine ganz besondere Weise übernommen: Die Figur des in sich ruhenden Menschen, der mit einem klaren Standpunkt erhobenen Hauptes aufrecht Standfestigkeit in der Mitte demonstriert, ist das Symbol des Enkelmann-Instituts und steht für die Harmonie des ganzen Menschen inmitten einer hektischen Welt.

Yoga und Zen In den fernöstlichen Heilsbotschaften Yoga und Zen steht der Bezug zum »Ich« im Vordergrund. Das indo-iranische Yoga sieht als Ziel die Erfahrung des »Selbst«, das Innewerden. Alle Strömungen des Yoga haben die selbstreinigende Besinnung mit einer positiven Wirkung nach außen gemeinsam. Das »Zen« ist eine aus dem chinesischen Ch'an-Buddhismus stammende buddhistische Entwicklung in Japan und weist den Weg zum Selbst durch erlebte innere Erfahrung und jenseits intellektueller Bemühungen vor allem mithilfe von Entspannungs-, Konzentrations- und Atemtechniken. Die Erkenntnisse und Erfahrungen aus diesen jahrhundertealten Lehren wenden wir auch in unserem mentalen Training an, um Seminarteilnehmer in den Zustand der Entspannung zu versetzen. Ein wichtiges Element in unseren Rhetorik-Seminaren bildet die Entfaltung der vollen Stimme mithilfe des psychogenen Atemtrainings, das ebenfalls seinen Hintergrund im Yoga und Zen hat.

Im Sufismus, der Mystik des Islam, hat die Intuition oder »die Kenntnis des Verborgenen« den höchsten Stellenwert. Der Sufismus basiert auf einer tiefen Religiosität: Das Ziel des Gläubigen (»Sufi« oder auch »Derwisch«) ist die Vereinigung mit dem Geliebten (Gott). Diese Vereinigung wird als ein Zustand der Reinheit, der Ganzheit oder der Vollkommenheit beschrieben. Um das zu erreichen, muss das Ego bekämpft und überwunden werden. Das zentrale Organ hierfür ist das Herz, welches in Liebe zu Gott entbrennen muss. Dazu versetzt sich der Sufi in den Zustand völliger Ekstase, die durch das Anhören oder Singen von Sufi-Liedern und das Tanzen in rhythmischen Bewegungen erreicht werden kann. Einige wenige Sufigemeinschaften vollziehen in Trance verletzende Handlungen, wie etwa das Durchstechen der Wangen bei den Rifai-Derwischen, womit das vollkommene Vertrauen in Gott demonstriert werden soll. Ein weiteres Beispiel für Trancezustände bei Sufis sind die sogenannten drehenden Derwische aus Konya in der heutigen Türkei, die sich in ständiger Bewegung um ihre eigene Achse drehen und dadurch in Trance geraten. Die Sufis glauben, dass Gott in jeden Menschen einen göttlichen Funken gelegt hat, der im tiefsten Herzen verborgen ist. Ihre Fähigkeit, sich in Trance zu setzen, kann als eine der Urformen von Selbsthypnose angesehen werden.

Sufismus

Wirksame Methoden der Selbsthypnose – von der Tiefenentspannung in Alpha bis zu Autosuggestionstechniken zur Selbstbeeinflussung – werden in unserem mentalen Training zur zielgerichteten Programmierung des Unterbewusstseins seit mehr als 40 Jahren praktiziert. Ähnlich wie bei den Sufi können dabei auch Zustände von absoluter Schmerzfreiheit hergestellt werden. So haben sich in einigen unserer Seminare Teilnehmer durch Hypnose in Trance versetzen lassen und sind anschließend über glühende Kohlen gelaufen, ohne den geringsten Schmerz zu verspüren oder Brandwunden davonzutragen. In speziellen Seminaren für Zahnärzte wenden wir Hypnose an, um Patienten ohne Betäubungsmittel in einen schmerzfreien Zustand zu versetzen.

Parsismus Auch Goethe zeigte sich in seinen letzten Lebensjahren fasziniert von den religiösen Lehren Zarathustras, einem persischen Propheten aus dem letzten Jahrtausend vor Christus, der die Welt im Dualismus eines bösen Geistes und eines guten Lichtgottes deutete und auf dieser Grundlage die Religion des »Parsismus« begründete. Indem der Mensch sich für die Wahrheit und das Gute entscheide, könne diese Gegnerschaft aufgehoben werden und der gute Gott Ahura Masda endgültig über das Böse triumphieren. Die Gemeinsamkeit der Lehre Zarathustras mit der Philosophie des erfolgreichen Wegs liegt vor allem in der zentralen Botschaft, dass der Mensch die Entscheidung über seine Zukunft selbst tragen muss und dass er nur mit einer eindeutigen Entscheidung zu innerer Freiheit und vollkommener Harmonie gelangen kann. Goethe setzte diesem Prinzip der freien Entscheidung in Verantwortung für die eigene Zukunft in seinem *Faust* ein Denkmal. Eine spirituelle Wiederbelebung erhielt die Sonnenreligion Zarathustras Anfang des 20. Jahrhunderts durch die von Otto Hanisch in den USA gegründete esoterische Gruppe Mazdaznan. Eine streng vegetarische Lebensweise und kontrollierte Atemübungen sollten die Entscheidung für die Wahrheit und das Licht positiv beeinflussen.

Alchemie Nicht nur in den Kulturen des Ostens, auch im Westen gab es in den vergangenen Jahrhunderten Weisheitslehren, die die Entwicklung zur Philosophie des erfolgreichen Wegs beeinflusst haben. Zum Beispiel die Alchemisten, die im 17. und 18. Jahrhundert in der »Herstellung« von Gold und anderen Edelmetallen das Nebenprodukt einer inneren Wandlung sahen. Sie beschäftigten sich mit der Möglichkeit, den »Stein der Weisen« herzustellen – als eine Art Lebenselixier, das Krankheit und Alter vertreiben soll. Bei der Alchemie handelt es sich nicht nur um eine praktische Disziplin im Sinne einer Metachemie; sie hat vielmehr auch eine philosophische Dimension: Die verschiedenen alchemistischen Vorgänge – wie die Umwandlung eines Metalls in ein anderes – stehen hier für die Entwicklung des Menschen. Die antiken Mysterienkulte lehrten, dass der Mensch durch Leiden, Tod und gewandelte Auferstehung zu einer neuen, göttlichen Existenz gelangen könne. Mit Beobachtung, Überlegung und Meditation sollten die Geheimnisse der Natur enträtselt werden. In Bildern und Symbolen verschlüsselte Wirklichkeiten sollten die unbewussten Kräfte positiv ansprechen und positive Impulse zur Höherentwicklung auslösen.

Eine Ordnung der Gedanken und Gefühle streben die Freimaurer an. Die Freimaurerei, die ihren Ursprung im 18. Jahrhundert in Großbritannien hat, versteht sich als ein *ethischer* Bund freier Menschen mit der Überzeugung, dass die ständige *Arbeit an sich selbst* zu einem menschlicheren Verhalten führt. Die fünf Grundideale der Freimaurerei – Freiheit, Gleichheit, Brüderlichkeit, Toleranz und Humanität – sollen durch die praktische Einübung im Alltag gelebt werden. In der Baukunst zum Beispiel soll die Magie der Rhythmen und Proportionen in der Natur dargestellt und damit die sittliche Verbesserung des Menschen symbolisiert und bewirkt werden. Ziel ist die ständige materielle und spirituelle Erweiterung der Persönlichkeit innerhalb einer unauflöslichen Gemeinschaft, in der jeder für jeden Verantwortung zeigt. Ein Prinzip, das sich auch in der Erfolgsphilosophie als ethische Grundlage wiederfindet. Auch die Freimaurer sehen in der Ordnung ihrer Gedanken, Gefühle und Absichten auf ein über ihre Persönlichkeit hinausgehendes Ziel hin das Menschliche im eigentlichen Sinne.

Freimaurer

Die Exerzitien des Ignatius von Loyola

Anfang des 16. Jahrhunderts soll der Gründer des Jesuitenordens, Ignatius von Loyola, seine Exerzitien – geistliche Übungen zur sinnlichen Erfahrung des Heilsgeschehens – in Trance und unter Visionen niedergeschrieben haben. Dieses übersinnliche Phänomen führte zu der Legende, dass der später Heiliggesprochene direkt nach dem Diktat der heiligen Maria geschrieben habe. Unter Exerzitien versteht man Zeiten, in denen sich Einzelne oder Gruppen intensiv dem Gebet und der Besinnung widmen. Die Exerzitien dienen der Gewissenserforschung, dauern in ihrer Vollform vier Wochen und finden im Schweigen statt. Darüberhinaus können Exerzitien auch in der Form durchgeführt werden, dass die Teilnehmer ihren normalen Geschäften nachgehen und nur eine kürzere Zeit am Tag dem Gebet widmen. Solche »Exerzitien des Alltags« werden in christlichen Gemeinden noch heute praktiziert, etwa in der Fastenzeit oder der Adventszeit.

Im Herzen spüren, welche Gefühle und Entscheidungen richtig sind

Ignatius von Loyola lernte in seinen geistlichen Betrachtungen zwischen Gedanken und Vorstellungen zu unterscheiden, die ihn milde und glücklich stimmten, und solchen, die bei ihm innere Unruhe auslösten. Unter dem Titel *Geistliche Übungen* verfasste der Jesuit im Jahr 1533 eine Schrift, die den Ablauf der Übungen exakt festlegte. Dabei sollte dem Exerzitanten deutlich werden, ob er sich auf einem guten Weg – dem zu Gott – oder auf einem Irrweg befindet. Bei richtiger Durchführung, so der heilige Ignatius, spüre man im Herzen, welche Gefühle und Entscheidungen richtig und welche falsch sind. Die Entscheidungsfindung wird mit praktischen Tipps erleichtert. So kann man beispielsweise, begleitet vom Gebet, alle Gründe für und wider eine Angelegenheit genau auflisten, sie sorgfältig abwägen, abzählen und dann entscheiden. Diese Methode wird auch in der Philosophie des erfolgreichen Wegs praktiziert. In unseren Seminaren fordern wir die Teilnehmer immer wieder dazu auf, zur Selbstorientierung und zur Überprüfung der eigenen Wünsche und Ziele Listen zu erstellen und die Punkte unter einer bestimmten Vorgabe zu ordnen, abzuwägen und zu einer Lösung zu gelangen.

Der Armenier Georg Iwanowitsch Gurdjew fasste unterschiedliche Lehren zu einem ganzheitlichen System zusammen und eröffnete 1922 auf Schloss Avon bei Fontainebleau sein »Institut zur harmonischen Entwicklung des Menschen«. Mit praktischen Übungen, die auf dem Erfahrungsschatz der Fakire, Mönche und Yogis basierten, führte er seine Schüler auf den Weg der »Selbst-Erinnerung«. Die Möglichkeit einer erfahrbaren tieferen Wirklichkeit des Menschen war das Ziel seiner Lehre. Auf seinen Reisen in Asien und Ägypten erwarb Georg Gurdjew Kenntnisse mythischesoterischer Lehren, aus denen er seine neue Psychologie des Menschen entwickelte. Ihnen entnahm er auch die medialen Methoden, durch die er das »unvollendete Wesen« Mensch zu seiner Bestimmung führen wollte. Schon zu Lebzeiten rankten sich um den Magier widersprüchliche Legenden. Neben den paranormalen Wundertaten wurden ihm dunkle, dämonische Machenschaften nachgesagt.

Selbst-Erinnerung

Auf der Grundlage des Yoga entwickelte der Berliner Nervenarzt Johannes Heinrich Schultz in den 1920er-Jahren des vergangenen Jahrhunderts das autogene Training, eine Entspannungsmethode, die auf Autosuggestion basiert und von ihrem Erfinder als »das Yoga des Westens« bezeichnet wurde. Durch mein Studium bei Professor Schultz in Berlin lernte ich die Methode hautnah kennen und praktizierte sie regelmäßig zur Entspannung. Die ursprünglich zur Psychotherapie erdachte Methode wird heute oft von Gesunden angewendet – zur Erhöhung der Lebensqualität, zur Besserung sportlicher Leistungen, des Lernens oder zur Verbesserung der Managementfähigkeiten.

Autogenes Training

Das autogene Training entstand aus Beobachtungen, die Schultz bei der Hypnoseforschung machte. Schultz nannte sein Verfahren »konzentrative Selbstentspannung«, weil die Entspannung der Muskulatur die Grundlage seiner Psychotherapiemethode ist. Grundsätzlich ist auch die Bezeichnung »Selbsthypnose« richtig, denn beim autogenen Training versetzt sich der Übende durch Autosuggestion selbst in den »umgeschalteten« Zustand. Unter *Umschaltung* versteht Schultz das Schalten vom normalen Wachzustand zu einem veränderten, hypnotischen Bewusstseinszustand. Damit war Professor Schultz der Erste, der in die damals noch ausschließlich chemisch ausgerichtete Medizin die Macht des Denkens einführte. Der Nachteil dieser Methode liegt jedoch darin, dass zum einen die Wirkung erst nach vielen Übungsstunden langsam einsetzt und dass zum anderen durch die speziellen Konditionierungsformeln (»Der rechte Arm ist ganz schwer«) die Gefahr besteht, dass daraus eine Depression entsteht. Deshalb haben wir auf der Grundlage des Yoga und des autogenen Trainings das mentale Training entwickelt, das wesentlich schneller erlernt werden kann und deshalb sofort seine Wirkung entfaltet. Zudem sind trotz der hohen Wirksamkeit keinerlei Nebenwirkungen wie etwa Depressionen zu befürchten.

Der Weg zur Philosophie des erfolgreichen Wegs

Die Entwicklung der Erfolgsmethode Schon die griechischen Philosophen haben über das Glück nachgedacht – ihre Gedanken haben unsere westlich-abendländische Kultur stark geprägt und sind in den heutigen Lehren noch immer in Ansätzen enthalten. Was Epikur begonnen hat, hat sich heute zu einer für alle erreichbaren und praktizierbaren Erfolgsmethode entwickelt. Wie sich die Philosophie des erfolgreichen Wegs als Resultat sowohl der Weisheiten großer Vordenker und Vorbilder als auch meiner persönlichen Lebenserfahrungen entwickelt hat, lesen Sie auf den folgenden Seiten.

Die Faszination des Geistes: Von Vorbildern geprägt

Vorbild Vater

Als ich am 13. Januar 1936 im westfälischen Lippstadt geboren wurde, hatte ich alles andere als eine strahlende Zukunft vor Augen. Die düsterste Zeit Deutschlands, Naziherrschaft und Krieg, lagen vor uns, ebenso Hunger, Nachkriegselend und Neuaufbau aus den Trümmern. Ich wurde in eine Zeit hineingeboren, die heute für das größte Verbrechen an der Menschheit steht. Auch meine Familie zählte zu den vielen, die von der Tragödie des Terrors und Krieges hautnah betroffen waren. Mein Vater war in russische Kriegsgefangenschaft geraten und gehörte zu den letzten Heimkehrern, die Konrad Adenauer in den 1950er-Jahren nach harten Verhandlungen in Moskau zurückgeholt hatte.

Kaum wieder im heimischen Lippstadt begann er, seine Schneiderei wieder zu eröffnen, die mehr als zehn Jahre geschlossen gewesen war. Vor dem Krieg galt er als einer der besten Schneidermeister in Deutschland, zehn Jahre nach Kriegsende stand er vor dem Nichts. Das war für ihn aber kein Grund um aufzugeben. Doch er wollte mehr, als nur seine Existenz wieder aufbauen. »Es genügt nicht, nur gut zu sein«, machte er seine Ansprüche in der Familie deutlich. »Man muss danach streben, auf seinem Gebiet der Beste zu sein.« Er reaktivierte seine guten früheren Kontakte zu den besten Schneidern in Deutschland, baute ein Netzwerk mit den Könnern seiner Zunft auf – und war zwei Jahre nach seinem Neubeginn wieder ganz oben, ausgezeichnet mit vielen Preisen und Gold- und Silbermedaillen für herausragende handwerkliche Leistungen.

Man muss danach streben, auf seinem Gebiet der Beste zu sein

Dieser unglaubliche Erfolg machte mir deutlich, dass es die Gemeinschaft, die Gruppe ist, die dich an die Spitze bringt. Heute spricht man in diesem Zusammenhang von »Networking-Fähigkeit«. Dahinter steht die Erkenntnis, dass man

Mit Networking an die Spitze

sich immer an den Besten orientieren muss, um Erfolg zu haben. Wer oben ist, zieht dich mit hoch. Mein Vater war für mich ein großes Vorbild, weil er mir deutlich gemacht hat, dass Erfolg nur mit der Unterstützung anderer Menschen möglich ist. »Kontakte sind wichtig zur Inspiration«, hat er mir beigebracht. Noch heute empfehle ich allen Teilnehmern meiner Seminare, Kontakte zu erfolgreichen Menschen aufzubauen, Biografien von großen Persönlichkeiten zu lesen und sich immer an den Besten auf ihrem Fachgebiet zu orientieren, mit ihnen Kontakt aufzunehmen. Wir müssen bereit sein, von den Besten zu lernen, um selbst die Besten zu werden.

Prägung durch den Lehrer

Die Entdeckung der Faszination des Lernens

Als Schüler war ich kein Ass und mühte mich eher schlecht als recht von Klasse zu Klasse. Nie werde ich den Tag vergessen, an dem ich meine Englischlehrerin fragte: »Was kann ich tun, um meine Nervosität vor Klassenarbeiten zu bekämpfen?« Sie gab mir kurz und bündig zu verstehen, dass ich einfach mehr lernen müsse, wenn ich nervös sei. Ein dummer Rat, wie ich heute weiß. Meine Nervosität bekam ich jedenfalls nicht in den Griff. Schließlich entschloss sich meine Mutter, meinen Lernschwierigkeiten mit Nachhilfeunterricht entgegenzuwirken. Ein hochgebildeter Franziskaner-Abt, der aus Gründen, über die er niemals sprach, aus dem Orden ausgetreten war, hatte sich eine kleine Existenz damit aufgebaut, Schülern Nachhilfe zu erteilen. Otto Pfeffer beherrschte eine Vielzahl an Fremdsprachen und war ein Meister des positiven Denkens. In seiner Wohnung lernte ich eine Welt kennen, die den meisten Menschen dieser Zeit völlig unbekannt war: Es war die Welt der Weisheiten alter Kulturen und Völker. In seiner Bibliothek entdeckte ich die unglaublichsten Bücher – Bücher über seltsame Entspannungsmethoden wie Yoga, Bücher über Atemtechniken, über die Riten der alten Ägypter … Und ich entdeckte die Faszination des Lernens, die mir die Schule bisher so wenig vermitteln konnte.

Der Abt gewährte mir großzügig Einblicke in seine geheimnisvolle Welt, antwortete geduldig auf meine neugierigen Fragen, erläuterte Hintergründe, half mir, Rätsel zu lösen und viele Rätsel des Lebens als Geheimnis zu akzeptieren. Und er vermittelte mir eine Fülle eigener Weisheiten, Erkenntnisse eines Lebens, das geprägt war von tief greifenden Erfahrungen und vom Studieren der Menschen. »Man spricht nur über das Schöne, nicht über das Negative«, brachte mir Otto Pfeffer bei. Eine Weisheit, die bis heute zu einer der Kernthesen der Erfolgsphilosophie gehört. Otto Pfeffer wandte zudem die Kunst der positiven Suggestion zur Motivation an. So sagte er mir gern bei der Begrüßung: »Was siehst du heute gut aus!«

Zu meinem zwölften Geburtstag schrieb der schöngeistige Abt für mich ein Gedicht, in dem er mich sanft, aber mit Nachdruck, an meine Verantwortung, ja meine Pflicht erinnerte, erfolgreich zu werden:

Die Pflicht, erfolgreich zu werden

Vor zwölf Jahren, lieber Klaus,
brachte Dich der Storch ins Haus,
und er klapperte geschwind:
»Dieses ist ein prächtiges Kind,
und es wird, man sieht's ihm an,
einmal ein ganz tüchtiger Mann.«
Wie sich da die Eltern freuten!
Sie erzählten's allen Leuten.
Und die gaben ihrem Sohn
einen guten Schutzpatron;
daß er ihm auf dieser Erden
hülf' ein tüchtiger Mann zu werden.

Darum guckt Sankt Nikolaus
stets zum Himmelsfenster raus,
ob der Klaus in jeder Sache
seinem Namen Ehre mache,

wie der Storch es seinerzeit
seinen Eltern prophezeit.
Und die Eltern hoffen sehr,
daß der Klaus ganz tüchtig wär',
und so wünsch' ich, lieber Klaus,
daß Du flink wie eine Maus,
aber auch mit Überlegen
wandelst auf des Lebens Wegen,
fleißig, freudig und gesund,
mit Sankt Nikolaus im Bund,
bis man einmal sagen kann:
Nikolaus ist ein tüchtiger Mann.

Wichtigstes Leitmotiv: Mut haben und nie aufgeben

Mit diesem Gedicht machte mir der kluge Abt die Bedeutung der Verantwortung für mich selbst deutlich. Das wichtigste Leitmotiv, das Pfeffer mir mit auf den Lebensweg gab, war aber sein persönliches Lebensmotto: »Mut haben und nie aufgeben.« Als kleiner Junge konnte ich mit diesem Gedanken nur wenig anfangen. Doch im Wissen, dass mein Lehrer stets Dinge mit einem tieferen Sinn zu sagen pflegte, behielt ich die Worte in Erinnerung, bis ich ihren Sinn verstand und anwenden konnte, bis sie in meine Entscheidungen einflossen, sich in meinem Denken weiterspannen und eine Eigendynamik entwickelten, die sich auf mein Handeln übertrug und bis heute überträgt. Die Botschaft »Mut haben und nie aufgeben« ist bis zum heutigen Tag eine Kernbotschaft der Philosophie des erfolgreichen Wegs. Wir gehen davon aus, dass es ohne Mut keinen Erfolg gibt und dass Misserfolge, die unweigerlich auf dem Weg zum Erfolg eintreten werden, nur durch Mut und die Bereitschaft, nicht aufzugeben, sondern weiterzumachen, überwunden werden können. Otto Pfeffer hat mich schon im Alter von zwölf Jahren bildlich gesprochen auf das Pferd gesetzt, das ich später reiten lernte. Ihm verdanke ich, dass ich mich für den Weg entschieden habe, der mich dahin gebracht habe, wo ich heute stehe.

Den Tod meines prägenden Lehrmeisters empfand ich als großen Verlust in meinem Leben. Nur zu gern hätte ich seinen Schatz erworben, die Bücher, mit denen außer mir kaum jemand etwas aus seiner persönlichen Umgebung anzufangen wusste. Doch die Pietät hinderte mich daran, schon kurz nach seinem Tod um eine Chance zu bitten. Als ich dann schließlich Mut fasste und anfragte, war es zu spät: Die Kostbarkeiten waren dem Münsteraner Bibliotheksfundus geschenkt worden. Nun hatte ich nicht nur meinen Weisheitslehrer verloren, sondern auch den Schatz der Weisheit.

Yoga und Hypnose: Den Geheimnissen der Seele und des Geistes auf der Spur

Mein weiteres Wissen musste ich mir nun selbst aneignen. Doch die Saat war bereits angelegt, mein Studium war eingeleitet. Mein Interesse für Psychologie und Philosophie war geweckt. Ich interessierte mich brennend für die Grundlagen des Menschseins, die Ursachen für Denken und Handeln, die tiefen Geheimnisse der menschlichen Seele und des Geistes. So las ich Werke von Sigmund Freud und Alfred Adler, war begeistert von C. G. Jung, Friedrich Nietzsche und Fjodor Dostojewski. Besonders angetan hatte es mir das kleine Reclam-Heft von Professor Alfred Brauchle *Von der Macht des Unbewussten*, das ich immer wieder las, aber nicht umzusetzen verstand. Je mehr ich erfuhr, desto neugieriger wurde ich auf noch mehr, desto wissbegieriger verschlang ich das nächste Buch.

Mit 14 Jahren hatte ich ein einschneidendes Erlebnis, das mich nie mehr loslassen sollte und das mir die Sicherheit gab, mein Lebensziel in die heute bekannte Richtung hin festzulegen: Es war der Besuch der Kirmes in Lippstadt. Dort konnte ich indische Fakire bestaunen, die mit merkwürdigen Kunststücken allseits bekannten Naturgesetzen trotzten,

Wie können Menschen ihre Grenzen überwinden?

Menschen, die sich auf Nägel legten oder mit Dolchen die Haut durchbohren konnten, ohne Schmerz zu empfinden oder Verletzungen davonzutragen, die scheinbar unempfindlich waren gegen Feuer, deren Körper aus Gummi zu bestehen schienen, die mit einem Höchstmaß an Konzentration scheinbar spielerisch die Gesetze, die ich bisher als naturgegebene Grenzen akzeptiert hatte, außer Kraft setzten. Von da an ließ mich meine Faszination für Menschen, denen es gelang, ihre Grenzen zu überwinden, nicht mehr los. Vielleicht würde es auch mir eines Tages gelingen, meine Schwächen und Grenzen zu überwinden.

Mein Interesse für die Möglichkeiten, die in Yoga und Hypnose lagen, war geweckt. Schmerzlich vermisste ich die Bücher Otto Pfeffers. In seiner Bibliothek hätte ich meine Neugier befriedigen, mein Wissen vertiefen können. Allein aus der Erinnerung experimentierte ich mit Yoga, konnte aber mangels Anleitung keine großen Fortschritte erzielen. In den Buchhandlungen und Bibliotheken, die ich durchstöberte, fand ich Anfang der 1950er-Jahre keine Literatur zu diesem damals sehr exotischen Thema. Bei jeder Gelegenheit fragte ich nach, bohrte und hörte mich um bei Bekannten, bei Bekannten von Bekannten, bei allen möglichen Leuten, die irgendwo irgendetwas gehört haben könnten von Meistern, Fakiren und uralten Weisheiten. Ich ignorierte misstrauisches Befremden ebenso wie fassungsloses Kopfschütteln und suchte hartnäckig weiter nach Inspirationen und Hintergrundwissen.

Entspannung und Beherrschung des Körpers durch Yoga

Im Alter von 17 Jahren hörte ich von einem Verlag in Deckendorf, der unter dem Titel *Der Wille zur Macht* einen Yoga-Fernkursus anbot. Ich war sofort Feuer und Flamme und nichts konnte mich davon abhalten, die Gebühr für den Kurs mühsam zusammenzusparen und schließlich die Seminarunterlagen zu erwerben. Von da an gab es für mich nur eines: studieren, studieren, studieren. Meine Yoga-Experimente bekamen nun endlich ein sicheres Fundament. Ich erlernte und trainierte die Kunst der Entspannung und der Beherrschung des Körpers durch den Geist. Erstmals erfuhr ich an mir selbst, was es bedeutet, seine eigenen Grenzen zu überschreiten.

Der Gedanke, nach den Erfolgen mit Yoga nun auch die Kunst der Hypnose zu erlernen, fesselte mich immer mehr. Ich wettete bereits mit meinen Freunden: »In einem Jahr kann ich das!« Die Zweifler schüttelten nur die Köpfe und wollten mich sogar davon abhalten, weil sie Hypnose als Humbug sahen: »So etwas gibt es nicht«, meinten sie. Doch ich ließ mich nicht irritieren. Wieder stieß ich an die Grenzen, wieder gab es keine Literatur zum Thema. Die Ärzte, die ich ansprach, hatten noch nie etwas von Hypnose-Therapie gehört. Mit dem spärlichen Wissen aus meinem Fernstudium und meiner Erinnerung an die Bücher des Abtes wagte ich mit 18 Jahren mein erstes Hypnose-Experiment: Ich wollte einen Sänger hypnotisieren, den ich kannte und der bereit war, sich auf den Versuch einzulassen. Das Experiment ging schief, der Mann sprach nicht auf die Hypnose an. Allerdings fiel sein Bruder, der als ebenso kritischer wie neugieriger Beobachter des Experiments hinter dem Sänger gesessen hatte, in eine tiefe Trance, aus der er partout nicht mehr erwachen wollte. Ich verfiel daraufhin in Panik, weil ich damals noch nicht wusste, dass die hypnotische Wirkung nach einiger Zeit von selbst nachlässt. Nach dieser Erfahrung war ich so geschockt, dass ich beschloss, nie wieder das Risiko eines solch gefährlichen Experiments mit Menschen einzugehen.

Faszination Hypnose

Meine Neugier an dem Thema war damit jedoch noch längst nicht erloschen. Ich befand mich in tausend Nöten: Zum einen wollte ich meine Fortschritte überprüfen und meine erworbenen Kenntnisse anwenden – zum anderen wagte ich mich nicht mehr an Experimente mit Menschen heran. In meiner Not griff ich zu einem außergewöhnlichen Mittel, um

Frühe Experimente

meine Versuche fortsetzen zu können: Von einem benachbarten Bauernhof besorgte ich mir ein paar Hühner und führte meine Hypnose-Experimente kurzerhand mit dem Federvieh durch. Dabei machte ich eine erstaunliche Entdeckung: Ein Huhn, das ich im gleichmäßigen Rhythmus hin und her geschwenkt, anschließend auf den Rücken gelegt und dem ich einen Strohhalm auf den Schnabel gelegt hatte, war nicht mehr in der Lage, sich zu bewegen oder aufzurichten. Ich schwenkte also fortan Hühner und führte verschiedene Experimente durch. So zeichnete ich Kreise um die Tiere, die aus rätselhaften Gründen innerhalb des Kreises blieben und sich nicht über die Kreislinie hinausbewegten.

Ich hatte inzwischen einiges über Tierhypnoseversuche gelesen. In alten Schriften des Orients, im Talmud oder in den Dichtungen von Homer finden sich Hinweise auf Experimente vor allem mit Hühnern ebenso wie in der Geschichte der berühmten Ärzte des Mittelalters. Doch für mich war Tierhypnose eigentlich immer ein Tabu gewesen, da es damals als Okkultismus galt und als unseriöse oder gar unsittliche Methode abgelehnt wurde. Deshalb habe ich auch nie über meine ersten Hypnoseversuche gesprochen. Erst in der heutigen Zeit, wo Hypnose und Experimente damit wissenschaftliche Anerkennung gefunden haben, kann ich auch meine Früherfahrungen preisgeben.

Ein Jahr an der Yogaschule

Immer noch vom Wunsch beseelt, mein Wissen und meine Kenntnisse noch weiter zu vertiefen, ging ich mit 19 Jahren nach England, wo ich die Gelegenheit nutzte, ein Jahr lang an der Yogaschule des indischen Yogis Shiri Nandi in London zu studieren. Er war ein Weggefährte des legendären Yoga Nanda, der in den USA die erste Yogaschule aufgebaut hatte und dessen Werdegang in dem Buch *Autobiographie eines Yogis* eindrucksvoll beschrieben wurde. Von Shiri Nandi lernte ich vieles über Atemtechnik, Körperhaltung und Entspannung. Als einer der ganz wenigen Europäer beherrschte ich durch eisernes Training schließlich sogar den Kopfstand mit verschränkten Beinen – eine Übung für Meister. In meiner Zeit in London erfuhr ich viel über die verschiedenen Meditationstechniken. Und ich lernte, dass auch Gutes und Sinnvolles verkauft werden muss. Die BBC sorgte mit einem Film über die Yogaschule dafür, dass die Engländer in der damaligen Zeit wesentlich offener und toleranter mit den fernöstlichen Weisheiten umgingen als die Deutschen, die nur wenig darüber wussten und deren Meinung deshalb stark von Vorurteilen und auch von Ängsten vor dem Fremden und Unerklärlichen geprägt war.

Allein mit seiner Ausstrahlung vermochte es Shiri Nandi, Menschen schnell in Trance zu versetzen. Er kannte das Geheimnis der Ruhe und wusste um die Macht des Unterbewusstseins. So war er in der Lage, mehr als zehn Minuten lang die Luft anzuhalten. Wenn er von der Bedeutung der Atmung und der Körperstellung als Wege der Befreiung von negativen Einflüssen sprach, strahlte er eine große Sicherheit und Angstfreiheit aus. Er stand mit seiner ganzen Person und seiner Ausstrahlung für die Glaubwürdigkeit einer seiner wichtigsten Botschaften: »Ich ziehe alles an, was ich brauche.«

Ein wesentliches Element der Mantra-Yoga-Übungen, die ich in London lernte und trainierte, war die ständige Wiederholung bestimmter Silben, um sich mit Tönen und Schwingungen in Trance zu versetzen. In abgewandelter Form wende ich diese Übungen in unseren Rhetorik-Seminaren zur Stimmbildung an. Auch die Bedeutung der Atemtechnik für die Wirkung auf Menschen wurde mir bei Shiri Nandi bewusst. Seine Übung des rhythmischen Atmens etwa sah vor, vier Sekunden lang einzuatmen, acht Sekunden lang die Luft anzuhalten und zwölf Sekunden lang auszuatmen. Eine Zahlenfolge, die nicht zufällig gewählt wurde: Die Zahlen vier, acht und zwölf gelten als die drei heiligen Zahlen der mensch-

Mit Atemübungen und Meditation zu einem neuen Lebensrhythmus

lichen Atmung. Mit dieser Übung sollte erreicht werden, dass man sich von alten, gewohnten Rhythmen befreit, um zu einem neuen Lebensrhythmus zu gelangen. In der Meditation konnte der Yogi, ein leuchtendes Vorbild an Weisheit und Erkenntnis, seine Kräfte und Energien auf seine Schüler übertragen.

In meiner Londoner Zeit machte ich die Bekanntschaft mit Harry Edwards, damals einer der berühmtesten Heiler der Welt. Er brachte das Kunststück fertig, bei einem Auftritt in der Royal Albert Hall einige tausend Menschen zu begeistern. Er sprach über Trance und Ekstase und ich wurde Zeuge, wie er an diesem Abend viele Kranke heilte. Mir wurde bei diesem beeindruckenden Erlebnis schlagartig klar, dass man mit der Kunst der positiven Beeinflussung wirklich etwas bewirken kann, dass man anderen Menschen Nutzen bringen kann, wenn man Einfluss auf sie ausübt. Nach diesem Abend konnte ich den Menschen nie mehr als ein Wesen sehen, das dem Schicksal hilflos ausgeliefert ist. Mir war klar geworden, dass man das Schicksal beeinflussen und die Krankheit überwinden kann.

Neue Impulse: Vertiefung und Erweiterung des Wissens

Die Atem- und Lebensschule Heinrich Helmels

Im Jahr 1963 fuhr ich mit meiner Frau Edith auf Hochzeitsreise nach Bad Harzburg. Hier lernte ich Heinrich Helmel kennen, der Yoga in die europäische Kultur transferiert hatte und in Bad Harzburg eine Atem- und Lebensschule führte. Kurz zuvor hatte er mit seinem Buch *Der bejahende Mensch* Yoga endlich auch in Deutschland bekannt gemacht. Yoga, teilte mir Helmel mit, sei ein sehr wirkungsvolles Instrument zur Beeinflussung des Menschen. Doch für Europäer sei die Methode zu weich und langwierig. Für die Inder, die an Reinkarnation glauben, stelle das lebenslange Lernen kein Problem dar, doch die Europäer verlangten nach schnellen Erfolgen. Sie suchten nach einer Methode, die ihnen im Hier und Jetzt hilft und nicht erst im nächsten oder übernächsten Leben ihre Wirkung entfaltet. Deshalb hat Helmel das System mit der aktivierenden Wirkung von Stimm- und Sprechübungen dynamisiert. Elf Jahre lang fuhr ich jeden Sommer für zwei Wochen nach Bad Harzburg, um aus der reinen indischen Lehre von Shiri Nandi und der europäisierten, dynamischen von Heinrich Helmel einen eigenen Weg zu generieren. In Helmels Yoga-Kursen wurde ich auf die große Bedeutung der Atemtechnik aufmerksam. Dabei lernte ich, wie man durch ganz gezielte Übungen den Körper dazu bringen kann, eine überschäumende Vitalität zu entfalten.

Helmel war in vielerlei Hinsicht das Gegenteil von Shiri Nandi. Für Nandi waren die Übungen zur Stimmbildung ein Mittel, um in Trance fallen und zur inneren Harmonie gelangen zu können. Helmel setzte dagegen die Stimmübungen ein, um die Persönlichkeit dynamisch nach außen wirken zu lassen. Er vertrat die Überzeugung, dass Stimmbildung die Persönlichkeit stärken und den extrovertierten, nach außen gerichteten – nicht den introvertierten, auf sich selbst bezogenen – Menschen zum Ziel haben sollte.

Stimmbildung zur Persönlichkeitsstärkung

Der Tagesablauf in Helmels Yogaschule war streng reglementiert und lief nach klaren Ritualen ab. Von 7 Uhr bis 8 Uhr morgens wurde Medizinball gespielt. Der psychologische Hintergrund: So wie man wirft, kann der andere fangen. Diese Komponente gibt Hinweise auf den sozialen Charakter. Auf den Grundcharakter, die Persönlichkeit eines Menschen lässt sich schließen, wenn man beobachtet, wie jemand fängt: ob er dem schweren Ball ausweicht, erschrocken davor erstarrt oder dem Wurf mutig und weich abfedernd entgegentritt. Das Verhalten beim Ballspiel gab Helmel auch Aufschluss darüber, wie man mit Problemen im Leben umgeht: ausweichend, hilflos oder offensiv. Die Art des Werfens wurde von Helmel als Kraftäußerung gewertet. Man kann den Ball so werfen, dass man dem Gegenüber das Fangen erleichtert, oder so, dass man versucht, den anderen auszutricksen und zu besiegen. An der Art zu werfen zeigt sich, ob man ein kooperativer, sozialer Mensch ist oder ob es nur um die eigene Macht und die Niederlage des anderen geht.

Nach dem Wurftraining stand eine Stunde Rückengymnastik auf dem Stundenplan. Die Übungen waren dem Yoga sehr ähnlich, jedoch in einer dynamischeren Weise. Nach dem gemeinsamen Essen von Müsli und Vorträgen über gesundes Leben und bewusste Lebensführung folgten Stimm- und Sprechübungen, die mit Unterstützung von Hanteln ausgeführt wurden. Die Hanteln hatten den Zweck, die Kräfte durch die Muskelanspannung zu aktivieren und in die Stimme einfließen zu lassen. Die Stimme wird dadurch gekräftigt und bekommt eine stärkere Wirkung. Suggestionen zusammen mit Hantelübungen verstärkten zudem die körperlichen Kräfte. So drücken die Hände bei der Suggestionsformel »Ich werde kräftiger« automatisch intensiver zu. Man konnte verfolgen, wie man immer kräftiger wurde und dass der Körper mehr Kraft produzierte, als er brauchte.

Die Erfahrung der Wirkung von Suggestionen

In Helmels Kursen spürte ich zum ersten Mal die Wirkung von Autosuggestionen am eigenen Körper. Durch diese Erfahrung kam ich zu der Erkenntnis, dass der Mensch mit der Macht des Willens und mit dem Wunsch, seinem Unterbewusstsein Befehle zu erteilen, die dann auch automatisch ausgeführt werden, zu enormen Leistungen in der Lage ist. Wenn man sich aber befehlen kann, stärker zu werden, und wirklich die Kraft in sich fließen und wachsen fühlt – wie viele Möglichkeiten liegen dann in den verborgenen Tiefen der menschlichen Psyche, ohne je zum Vorschein zu kommen? Ich war fasziniert von den ungeheuren Möglichkeiten des Unterbewusstseins und von der Macht, dem eigenen Unterbewusstsein befehlen zu können, was es zu tun hat.

Die Schlüsselworte, die Heinrich Helmel vermittelte und die ich bis heute in unseren Seminaren umsetze, lauteten: »Atem ist Leben.« Man müsse lernen, den Atem zu lenken, dann könne man auch Krankheiten heilen. Schonung dagegen war für Helmel der sicherste Weg zum Friedhof. Diese Erkenntnis geben wir in all unseren Seminaren weiter, weil wir davon überzeugt sind, dass der Mensch nur durch Aktvierung seiner Fähigkeiten und Potenziale gesund, vital und erfolgreich werden kann und nicht durch Passivität und Stillstand. Und wir sind davon überzeugt, dass es möglich ist, alles zu aktivieren, was in uns ist.

Von nun an war ich fest entschlossen, Erklärungen für das Phänomen zu bekommen, dass der Geist die Materie beherrschen kann. Ich wollte herausfinden, wie der Mensch die Kunst der positiven Selbstbeeinflussung zielgerichtet einsetzen kann. Ich wollte erfahren, wie Autosuggestion genau funktioniert, was die Technik im Gehirn auslöst und wie die Autosuggestion auf die menschliche Psyche wirkt. Ich war entschlossen, mir noch mehr Wissen anzueignen und alles, was ich bisher erfahren und erlebt, erlernt und trainiert hatte, mir selbst und anderen erklären zu können. Ich wollte die Geheimnisse des Unterbewusstseins noch intensiver kennenlernen und erforschen – und entschloss mich zum Studium der Psychologie.

Der Entschluss zum Psychologie-Studium

Psychologie-Studium in Berlin: Professor H. J. Schulz und die Macht des Denkens

In Berlin studierte ich Psychologie an der Freien Universität. Von Anfang an interessierten mich die Vorlesungen und Seminare, die sich mit Erkenntnissen der Gehirnforschung, mit der Arbeitsweise der Sinne und mit Informationsverarbeitung in all ihren Facetten beschäftigten. Ich war fasziniert von der Macht der Gedanken und des Unterbewusstseins.

Nun wollte ich auch wissen, wie Denken funktioniert, wie es das Handeln der Menschen steuert, welche verborgenen Potenziale das menschliche Gehirn birgt und warum der Mensch nur so wenig davon nutzt.

Psychoanalyse erklärt Probleme, löst sie aber nicht

Ich besuchte Vorlesungen bei Dr. Wolfgang Hochheimer und Professor Dr. Otto Walter Haseloff und hörte mit Begeisterung Vorlesungen über Soziologie bei Professor Dr. Dietrich Goldschmidt. So eignete ich mir immer mehr psychologisches Wissen an, lernte durch die Psychoanalyse meine eigenen Probleme verstehen, wusste sogar, wo und wie sie entstanden waren, nur – ich hatte meine Probleme noch immer! Schnell erkannte ich die Grenzen der Psychoanalyse. Der Aufwand stand für mich in keinem Verhältnis zu den Erfolgen, zudem dauert es bei psychoanalytisch orientierten Methoden sehr lange, bis sich erste Erfolge einstellen – wenn sich überhaupt Erfolge einstellen. Und zu allem Überfluss sind die Methoden auch sehr teuer. Die Menschen schleppen ihre Probleme, die ihnen immer schmerzlicher bewusst werden, jahrelang mit sich herum, viele brechen aufgrund der zermürbenden, sehr teuren und über lange Phasen auch stagnierenden Therapie die Behandlung ab und stehen mit ihren Problemen, die ihnen dann zwar bewusst sind, für die sie aber keine Lösung haben, allein da. Durch meine Erfahrungen mit Yoga und Hypnose wusste ich, dass die wirklichen Veränderungen im Unterbewusstsein stattfinden und nicht bewusst gesteuert werden können. Keine noch so kluge Erkenntnis nutzt also etwas, wenn die Probleme im Unterbewusstsein vorhanden sind.

Während meines Studiums wurde ich zum Kritiker der Psychoanalyse, weil ich erkannt hatte, dass der Ansatz zwar zu wichtigen Erkenntnissen führen kann, aber letztlich die Probleme des Menschen nicht löst. Dann lernte ich Professor H. J. Schulz kennen. Der »Vater des autogenen Trainings« hatte die Macht des Denkens in die Psychologie eingeführt –

und wurde sowohl von den Psychoanalytikern bekämpft, die in seiner Methode ein Verfahren sahen, das Probleme nur überdecke, aber nicht wirklich therapiere, als auch von den Chemikern und Medizinern, die ihm seine medikamenten-freie Behandlung ankreideten. Schulz vertrat die Überzeugung, dass das Denken den Körper und auch den Gesundheitszustand des Menschen maßgeblich beeinflusst. Eine in der damaligen Zeit Aufsehen erregende Theorie, in der ich aber bestätigt und auf eine wissenschaftliche Grundlage gestellt fand, was ich bei Shiri Nandi und Heinrich Helmel gelernt hatte.

Wie gebannt verfolgte ich die Hypnosesitzungen von Schulz. Dabei hatte ich eines Tages ein unvergessliches Aha-Erlebnis: Zur Veranschaulichung für seine Studenten hatte Schulz einen älteren Herrn in Hypnose versetzt. Beiläufig fragte er seinen Probanden, ob dieser vorher schon einmal hypnotisiert worden sei. Der Mann befand sich bereits in Trance, als er die Frage bejahte. Als Schulz daraufhin den Namen des Hypnotiseurs wissen wollte, antwortete der ältere Herr: »Hanussen.« Der Name dieses legendären, von Mythen umrankten Hypnose-Genies genügte, um Schulz völlig aus der Fassung geraten zu lassen.

Ein Aha-Erlebnis bei Prof. Schulz

Eine Stunde lang wollte er von dem Patienten sämtliche Details über dessen Erfahrungen mit Hanussen wissen. Er bombardierte ihn regelrecht mit Fragen, wollte genau wissen, was der Star-Hypnotiseur gesagt und getan hatte, welche Ausstrahlung er hatte, wie er gewirkt hat. Den Studenten, die über die leidenschaftliche Aufregung ihres geschätzten und ansonsten so ausgeglichenen Professors irritiert waren, erklärte Schulz: »Ich muss jetzt einfach die Chance nutzen, alles über Hanussen zu erfahren. Es ist das erste Mal, dass mir jemand gegenübersitzt, den er hypnotisiert hat.« Die Studenten waren von diesem außergewöhnlichen und einzigartigen Seminarerlebnis begeistert, hatten sie doch in einer Stunde

Intensivbefragung mehr über Hypnose erfahren, als es in ausführlichen theoretischen Vorträgen möglich gewesen wäre.

Autogenes Training erfordert langes und intensives Üben

Von Professor Schulz lernte ich vor allem, dass mehr Dinge zwischen Himmel und Erde machbar sind, als die meisten Menschen für möglich halten. Für mich hat er einen Nobelpreis verdient, weil er das positive Denken in die Medizin eingeführt hat. Ich erhielt bei ihm die wissenschaftliche Grundlage für die Erkenntnis, dass der Mensch nicht nur in der Lage ist, andere zu beeinflussen, sondern auch sich selbst. Aus der Hypnose hatte der Professor eine Art Selbsthypnose zur Befreiung des Geistes entwickelt – das autogene Training. Doch ich erkannte bald, dass auch das autogene Training Grenzen hatte. Es versagt in der Praxis sehr oft, weil es für Laien fast unmöglich ist, sich wirklich zu entspannen. Mit dieser Methode sollte die rechte Gehirnhälfte in einen harmonischen, ausgeglichenen Entspannungszustand versetzt werden, während gleichzeitig das Unterbewusstsein mithilfe der linken, der bewussten Gehirnhälfte aktiv neu programmiert werden sollte. Ein komplizierter Vorgang, der in der Praxis nur nach langem, intensivem Training funktionierte – und selbst dann noch schwierig umzusetzen war. Ich habe im Laufe meiner langjährigen Tätigkeit sehr viele Menschen getroffen, die die Technik des autogenen Trainings zwar gelernt hatten, die Methode aber aufgrund dieser Problematik nicht praktizieren konnten.

Gesucht: eine Methode mit höherer Wirksamkeit

Weil autogenes Training nur bei etwa 50 Prozent der Anwender wirkt, bei den anderen aber versagt, konnte ich darin kein Erfolgsmodell sehen. Eine Erfolgsquote von 50 Prozent war mir zu niedrig! Ich hatte das Ziel, eine Methode mit einer weitaus höheren Zuverlässigkeit und Wirksamkeit zu entwickeln. Die dringenden Probleme, die in unserer Gesellschaft und Wirtschaft einer Lösung bedürfen, können nur von Menschen gelöst werden, die all ihre Kräfte, Energien und Fähigkeiten aktivieren und mobilisieren können. Dafür müsste es eine Methode geben, die diese Menschen bei der Aktivierung ihres Potenzials unterstützt – und die nicht nur bei einigen wirkt, sondern bei möglichst vielen. Ich war fest entschlossen, diese Methode zu finden.

Wie ich ausführlich beschrieben habe, hat mich die Hypnose als stärkste Form der Suggestion schon früh fasziniert, weshalb ich diese Fähigkeit immer weiter ausgebaut habe. Da es den meisten Menschen aber sehr schwer fällt, an die Macht der Gedanken zu glauben, habe ich lange nach einem sichtbaren Beweis gesucht. Sollte es mir gelingen, Menschen innerhalb weniger Stunden von einer schlechten Gewohnheit wie dem Rauchen zu befreien, so wäre der Beweis erbracht. Der Fernsehsender RTL gab mir Anfang der 1980er-Jahre die Chance, im Rahmen einer Fernsehsendung eine Massenhypnose durchzuführen, bei der die Zuschauer sich das Rauchen abgewöhnen sollten. Die Sendung war ein Riesenerfolg, die Resonanz war so überwältigend, dass die Sendung noch dreimal wiederholt wurde. Mir war es tatsächlich gelungen, via Fernsehen in nur zwei Stunden Menschen zu helfen, sich von einer negativen Gewohnheit zu befreien!

Hypnose als stärkste Form der Suggestion

In Königstein bot ich einige Jahre lang Hypnose-Seminare für Raucher an, die sich von ihrem Laster befreien wollten. So ergab es sich, dass ich im Laufe meiner Trainertätigkeit mehr als 15 000 Menschen geholfen habe, Nichtraucher zu werden. Meine Tochter Claudia war sehr oft bei den Hypnosesitzungen dabei und hat so fast wöchentlich die Möglichkeiten der Hypnose miterlebt. Dabei hat auch sie eine Fülle von positiven Suggestionen aufgenommen.

Die Umsetzung in die Praxis: Oscar Schellbach und die Befreiung vom Negativen

Am letzten Tag eines Sommerseminars bei Heinrich Helmel traf ich eine Dame aus Belgien, die mir den Tipp gab, mich an Oscar Schellbach in Baden-Baden zu wenden, um noch mehr über meine Möglichkeiten zu erfahren. Das war 1963. Ein Vierteljahr später lernte ich Oscar Schellbach kennen. Eine neue Welt eröffnete sich mir. Der große deutsche Psychologe, Lebenslehrer und Erfolgslehrer sagte, dass nicht die Umwelt, nicht die Erbanlagen uns steuern, sondern dass der Mensch selbst durch seine Erkenntnis sein Schicksal steuern kann. Er lehrte die Kunst der Befreiung vom Negativen. Dabei berührte er immer wieder den entscheidenden Punkt: »Der Mensch hat nur zwei Probleme: mit sich und den anderen richtig umzugehen.«

Dies hörte sich alles so plausibel, so einfach an – doch immer wieder wurde ich von den zweifelnden Fragen bedrängt: Was ist wirklich möglich? Was lässt sich realisieren? Lassen sich die Grenzen des Menschen verschieben? Nach drei Tagen aber hatte ich keine Zweifel mehr und begann zu trainieren. Mein Leben veränderte sich.

Erfolgreich durch Training Ich wusste aufgrund meiner langjährigen Studien und Erfahrungen, welche große Bedeutung die Macht des Unterbewusstseins für das Leben jedes Menschen hat. Aber bislang hatte mir niemand eine konkrete Antwort auf die Frage geben können, wie ich mit meinem Unterbewusstsein umgehen muss, wie ich es behandeln und wie ich es konkret beeinflussen kann. Das habe ich erst bei Oscar Schellbach erfahren. Er sprach nicht nur über die Macht des Unterbewusstseins, sondern entwickelte eine Vielzahl an Autosuggestionen, mit deren Hilfe das Unterbewusstsein positiv programmiert werden konnte. Darin war er unschlagbar.

Ich erinnere mich, dass ich stundenlang sämtliche seiner Texte auswendig gelernt habe, so überzeugt war ich von der Wirkung der Autosuggestion. Schon nach kurzer Zeit registrierte ich, wie mein Leben größer, sicherer, erfolgreicher wurde, wie mein Selbstbewusstsein von Tag zu Tag wuchs und ich mir plötzlich Dinge zutraute, die ich mir noch vor Kurzem nicht zugetraut hätte. Ich spürte: Diese Übungen wirken! Und sie wirken schnell und zuverlässig! Von Schellbach lernte ich eine der wichtigsten Erkenntnisse meines Lebens, die unsere Philosophie bis heute nachhaltig prägt: Wir werden nicht erfolgreich durch Nachdenken, wir werden nur erfolgreich durch Training!

Zwischenspiel mit Erfahrungsnutzen: Herausforderung Politik

Neben der Psychologie galt mein ganzes Interesse der Politik. Hier hatte ich täglich die Möglichkeit, mein Erfolgswissen in der Praxis anzuwenden. Ich wurde erst Parteimitglied der CDU, dann Kreissprecher der Jungen Union, später stellvertretender Bezirksvorsteher, machte die Ochsentour, gewann Wahlkämpfe, ging in den Kreistag, war Landrat und kandidierte für den Bundestag.

Schon als junger Mensch habe ich dabei erfahren, dass es nicht genügt, gute Ideen zu haben. Man muss überzeugen, man muss reden und die Menschen fesseln können. Wie in kaum einem anderen Bereich kommt es in der Politik auf die Stimme und die Sprache an. So lernte ich, die Macht der Sprache auszuüben, die Kunst der Rhetorik zu nutzen und zu beherrschen. Die gewonnenen Erfahrungen gab ich später gerne in Hunderten meiner Seminare weiter. Leider beschäftigen sich auch heute nur wenige Politiker mit den Möglichkeiten, an ihrer Stimme zu arbeiten.

Mit Stimme und Rhetorik die Menschen überzeugen

Ich hatte die Chance, im Laufe meiner politischen Laufbahn Erfolgseigenschaften wie mentale Stärke, Tatendrang, Einsatzbereitschaft, Umgang mit anderen Menschen und Überzeugungskraft einzusetzen, auszuprobieren und an der Praxis zu messen – bei Tausenden von Hausbesuchen, bei Wahlkampfauftritten vor großem Publikum und bei Besprechungen im kleinen Kreis. Meine Erfolge in der Kommunalpolitik bewiesen mir, dass die psychologischen Gesetze, die ich bisher gelernt und trainiert hatte, anwendbar waren! Dies war die wichtigste Erfahrung für mich als Politiker. Ich stellte außerdem fest, dass die Menschen sich nichts sehnlicher wünschen als eine vernünftige Zukunftsperspektive. Irgendwann wurde mir bewusst, dass es für mich sehr viel schwerer sein würde, diese Wünsche als Politiker zu erfüllen als durch die Weitergabe meiner psychologischen Kenntnisse. Damit stand ich erneut vor einer wichtigen Entscheidung, die meinem Leben eine ganz andere Richtung geben würde.

Der Traum vom eigenen Institut wird wahr: Enkelmann Königstein

Ende des Jahres 1972, in der Woche nach Weihnachten, fassten meine Frau und ich die wohl wichtigste Entscheidung unseres Lebens. Ich zog mich von einem Tag auf den anderen aus der Politik zurück und wandte mich ganz der Persönlichkeitspsychologie zu. Überall in Deutschland leitete ich nun Seminare. Inzwischen war mein Lehrmeister Oscar Schellbach gestorben. In seinem einst so renommierten Institut wurden längst keine Seminare mehr durchgeführt. Vier Personen hatten in den letzten Jahren versucht, das Lebenswerk Oscar Schellbachs fortzuführen, hatten aber alle kurz vor dem Start aufgegeben. Die Bürde war einfach zu groß. In Baden-Baden trug man sich schon mit dem Gedanken, das Institut zu schließen.

Durch mein jahrelanges Training war mein Selbstbewusstsein inzwischen so gestärkt, dass ich mir die große Aufgabe zutraute, das Institut zu übernehmen und »Das Erfolgssystem«, das ich zehn Jahre zuvor kennengelernt hatte, weiterzuführen. Der persönliche Beweis war erbracht: Nicht das Nachdenken, sondern das Training macht den Menschen groß. Ich war fest entschlossen, mein fundamentales Wissen über Yoga und Hypnose, über Stimmbildung und Gehirnforschung, über Psychologie und Autosuggestion zusammenzuführen und eine Methode zu entwickeln, die den ganzen Menschen anspricht und die gesunde, vitale und selbstbewusste Persönlichkeit zum Ziel hat.

Was folgte, war eine großartige Zeit. Das Schellbach-Haus blühte wieder auf, meine Aufgaben wuchsen und meine Erfolge wurden die Erfolge anderer.

Mitte der 1970er Jahre lernte ich Baldur Preiml kennen, der die österreichische Nationalmannschaft der Skispringer trainierte. Er war offen für neue Methoden, mit deren Hilfe sich die Konzentrations- und Leistungsfähigkeit der Sportler steigern ließ. Preiml hatte zuerst versucht, eine Leistungssteigerung mithilfe des autogenen Trainings zu bewirken, leider ohne Erfolg. Denn die Formel »Meine Arme und Beine werden schwer« kann einfach keine Sieger produzieren, was übrigens auch für andere Lebensbereiche gilt. Wir ersetzten die Formel durch die Autosuggestion »Alles wird leicht, auch Arme und Beine werden leicht«. In diesem System wird es den Menschen nicht schwer gemacht, man versucht vielmehr, sie zu beflügeln. Das war die Geburtsstunde des mentalen Trainings – und die Methode funktionierte, wie wir schnell feststellten.

Bei der Olympiade in Innsbruck 1976 gewann Karl Schnabl die Goldmedaille, Toni Innauer die Silbermedaille. Es war ein Triumph des mentalen Trainings, als Toni Innauer sechs

Trainer Baldur Preiml mit den Medaillengewinnern

Wochen später in Garmisch-Partenkirchen Weltmeister wurde. Als erster Mensch übersprang er im Skiflug die 176-Meter-Marke. Seit dieser Zeit arbeite ich nur noch mit der Erfolgsformel »Alles wird leicht, auch Arme und Beine werden leicht«.

Nach diesen großen Erfolgen trafen meine Frau und ich die nächste bahnbrechende Entscheidung: die Eröffnung eines eigenen Instituts. Von Anfang an war es unser Anspruch, das Beste und Wertvollste weiterzugeben. Deshalb wollten wir auch das beste Institut in Deutschland aufbauen. Das konnte sich unserer Überzeugung nach nur im Zentrum Deutschlands befinden. So fiel unsere Wahl auf den Raum Frankfurt. Nach vielen Besichtigungen wurde uns bald klar, dass wir im eleganten Taunusort Königstein einen repräsentativen Rahmen für unser neues Domizil gefunden hatten – hier würden wir uns wohl fühlen und hier würden auch die Teilnehmer an unseren Seminaren eine Oase der Ruhe und Harmonie vorfinden. Auch der Name »Königstein« hatte es uns angetan – denn ein König, so unser Ziel, sollte jeder in seinem Leben werden.

Im eigenen Institut das Beste und Wertvollste weitergeben

Ich fuhr also nach Königstein, um meine Pläne vorzutragen. Da der Bürgermeister nicht erreichbar war, sprach ich beim Direktor der Deutschen Bank vor, von dem ich mir nähere Informationen über den Immobilienmarkt in Königstein erhoffte. Schließlich beabsichtigten wir, ein schönes Grundstück für unser neues Institut zu erwerben. Die Reaktion des Bankdirektors war erstaunlich: »Wenn Sie glauben, Sie kommen nach Königstein und kriegen hier auch nur einen Quadratzentimeter Land, dann haben Sie sich geirrt«, beschied er mir barsch. Ich fragte ihn, ob er seine Mitarbeiter auch auf diese Art und Weise motivierte. Daraufhin legte der »Motivationskünstler« nach: »Herr Enkelmann, wir haben in Königstein nicht extra auf Sie gewartet. Sie bekommen keinen Quadratzentimeter!«

Ich beschloss, nach unserer eigenen Erfolgsmethode vorzugehen, und arbeitete mit den Grundgesetzen der Lebensentfaltung (siehe auch Kapitel »Das Fundament des Erfolgs: Die 14 Grundgesetze der Lebensentfaltung« auf Seite 146). Das 13. Denkgesetz sagt: »Die ständige Wiederholung einer Idee wird erst zum Glauben – dann zur Überzeugung.« Und im 14. Denkgesetz heißt es: »Glaube führt zur Tat. Konzentration führt zum Erfolg. Wiederholung führt zur Meisterschaft.« Von nun an sprach ich bei jeder sich bietenden Gelegenheit davon, dass ich in Königstein ein Grundstück suchte. Ich sprach beim Bäcker darüber, beim Metzger, beim Makler … Nach etwa sechs Wochen erhielt ich zwei Angebote – bei einem davon handelte es sich um das Grundstück, auf dem sich heute unser Institut befindet. Obwohl das Grundstück einen überaus verwahrlosten Eindruck machte, wusste ich sofort: Das ist es! Hier wird das Institut Enkelmann entstehen! Was mich überzeugte: Durch das Grundstück floss ein kleiner Bach und es gab einen wunderschönen Teich. Außerdem konnte ich mir vorstellen, wie das heruntergekommene Haus einmal aussehen würde.

Ein Traum wird wahr mithilfe der eigenen Erfolgsmethode

Dennoch wollten mir viele meiner Freunde die Pläne ausreden. »Wie kannst du dir so etwas antun?«, fragten sie. Doch sie sahen nur die Realität aus ihrer Sichtweise – ich dagegen sah meinen Traum. Und die große Chance, ihn zu verwirklichen. Meine Frau und ich machten uns daran, ein kleines Paradies entstehen zu lassen. Nichts wollten wir dem Zufall überlassen. Auf keinen Fall sollte eine Hotelatmosphäre entstehen. Was wir unseren Seminarteilnehmern bieten wollten, war eine Oase der Ruhe und Kraft. Der japanische Garten und das von orientalisch-asiatischen Einflüssen geprägte Ambiente verführen heute unsere Besucher vom ersten Augenblick an in eine Welt der Sinne und Inspiration.

1978 war es schließlich so weit: Der damals bekannteste und beliebteste Sportmoderator Deutschlands, Harry Valérien, war unser Ehrengast, als wir unser Institut in Königstein eröffneten. Ein Traum hatte sich erfüllt – und ein neuer Anfang führte noch einmal zu einem neuen Aufstieg.

Ständige Inspiration und Motivation: Die ausgereifte Erfolgsmethode

Auch im Laufe meiner weiteren Tätigkeit als Erfolgstrainer wurde ich von großen Persönlichkeiten inspiriert. Gemeinsame Seminare mit renommierten Spezialisten ihres jeweiligen Fachgebietes führten dazu, dass wir uns mit unserem Expertenwissen gegenseitig inspirieren und unseren Wissenshorizont erweitern konnten.

Hans Hass Mit Hans Hass stand ich in einem intensiven Austausch. Mit der von ihm 1960 bis 1970 entwickelten Energon-Theorie deckte er übergreifende Grundgesetze des Lebens auf und revolutionierte unser gewohntes Menschenbild mit der These, dass der Mensch nicht End- oder Höhepunkt der Lebensevolution, sondern allenfalls ihr vorläufig talentiertester Erfüllungsgehilfe ist.

Frederic Vester Inspiriert wurde ich auch vom biokybernetischen Denkansatz Frederic Vesters, dessen zentrale Botschaft lautet: Die Kunst des vernetzten Denkens ist eine wesentliche Erweiterung unserer bisherigen Art zu denken – und sie lässt sich lernen. Sie bietet die Chance, bislang unlösbare Probleme auf innovative Weise anzugehen. Unabhängig davon, ob es sich um politische Konflikte, ein Unternehmen, die Planung einer Region oder die Lebensentscheidung eines Einzelnen handelt, verschafft vernetztes Denken einen Vorsprung gegenüber den bisherigen Vorgehensweisen: durch überraschende Einsichten in verborgene Zusammenhänge und durch die Chance, auch mit unerwarteten Ereignissen fertig zu werden.

Mit Claus Bick von der Pfälzer Hypnoseklinik tauschte ich Erfahrungen über Hypnose aus. Er ist ein Verfechter der Transgression unter Hypnose und glaubt, dass man Erinnerungen aus der Zeit im Mutterleib und sogar aus früheren Leben aufspüren kann. Vor diesem Hintergrund entwickelte er eine Hypnosetherapie, die Neurohypnose.

Claus Bick

Als besonders inspirierend entwickelte sich der Kontakt und inzwischen regelmäßige Austausch mit Professor Dr. Lothar Seiwert, Europas führendem und bekanntestem Experten für das neue Zeit- und Lebensmanagement. Mit mehr als zehn Awards ist er der am häufigsten ausgezeichnete Bestsellerautor und Keynote-Speaker. Fast eine halbe Million Besucher seiner Seminare und Vorträge in Europa, Asien und den USA haben Professor Seiwert zum Top-Ten-Vortragsredner im deutschsprachigen Raum gemacht. »Was ich erzähle, weiß eigentlich schon jeder«, sagt er gerne. Jeder Mensch könne mit ein wenig gesundem Menschenverstand und kritischer Selbstbetrachtung seine Zeit ohne Weiteres allein managen – allerdings würden die Leute ohne Impulse von außen nicht über diese Dinge nachdenken. Sie seien ihnen einfach nicht bewusst.

Lothar Seiwert

Zeitbewusstsein bedeutet für ihn, die Anforderungen einer zunehmend beschleunigten Arbeitswelt mit persönlichen Lebenszielen und privaten Wünschen in Einklang zu bringen. Mittlerweile haben Millionen Menschen von Lothar Seiwert gelernt, ihre Zeit besser zu führen. Fernsehauftritte, Presse-

Nikolaus B. Enkelmann und Lothar Seiwert 2007 in München: Prof. Dr. Lothar Seiwert wird in die Hall of Fame der German Speakers Association (GSA) aufgenommen

kolumnen, mehr als vier Millionen verkaufte Bücher, internationale Auszeichnungen: Lothar Seiwert steht wie kein anderer Experte für die Themen Zeitautonomie und Zeitsouveränität.

Seine Bücher stürmen immer wieder die Bestsellerlisten. Allein der weltweite Megaseller *Simplify Your Life*, den er gemeinsam mit Werner Tiki Küstenmacher schrieb, hielt sich fast 300 (!) Wochen ununterbrochen in der Spiegel-Bestsellerliste. Nach seinen Stationen im Personal- und Bildungswesen zweier Konzerne und seiner Tätigkeit als Management-Consultant einer renommierten Unternehmensberatung lehrte er mehr als zwölf Jahre im Hochschulbereich, zuletzt an der Universität St. Gallen. Heute leitet er als erfolgrei-

cher Unternehmer seine eigene Trainings- und Beratungs-
firma, die Seiwert-Institut GmbH in Heidelberg, die sich in
den letzten 15 Jahren auf die Themen Time-Management,
Life-Leadership und Work-Life-Balance spezialisiert hat. Von
2009 bis 2011 bekleidet er zudem das Amt des Präsidenten
der German Speakers Association e.V. (GSA).

Seine Vorträge und Seminare »würzt« Lothar Seiwert gern
mit kleinen Zaubertricks, »fliegenden« Gummibärchen und
flotten Sprüchen. »Entertrainment« nennt er seine Methode,
Wissenswertes kurzweilig zu vermitteln. Je mehr Leute ihm
zuhören, desto besser, findet er. Viele Seminare und Veranstaltungen habe ich mit Lothar Seiwert gemeinsam bestrit-
ten. Längst sind wir gute Freunde, die sich – davon sind wir
beide überzeugt – in ihren Inhalten und Ansätzen optimal
ergänzen.

Die Begegnungen mit vielen anerkannten und profilierten
Experten aus den unterschiedlichsten Bereichen machten
mir deutlich, dass es nicht nur in den Vereinigten Staaten von
Amerika, sondern auch in Europa, in Deutschland einen
großartigen Wissenspool gibt und wie wichtig der gegenseiti-
ge Austausch, das »Networking« ist, um die unterschiedlichen Fachrichtungen durch das Know-how aus anderen For-
schungsgebieten zu befruchten und zu bereichern. Mein
größtes Anliegen war es, die Psychologie des erfolgreichen
Wegs immer weiter zu verbessern. Natürlich schaute ich auch
über den Zaun nach Amerika. Ich kenne die großen Erfolge
von Milton H. Erickson, dessen großartiger Verdienst darin
besteht, noch bessere hypnotische Techniken zu entwickeln,
um die Grenzen, Widerstände und Vorurteile im Menschen
zu überwinden. Ich schätze meine Kollegen Zig Ziglar und
Anthony Robbins und Brian Tracy. Und ich bin ein großer
Bewunderer von Dr. Robert H. Schuller, den ich oft in Amerika besuchte und immer wieder nach Deutschland holte.
Der wahrscheinlich größte positive Motivator der Welt akti-

**Blick über den
Zaun: Erickson,
Ziglar, Robbins,
Tracy, Schuller**

viert mit seiner Fernsehsendung »Hour of Power« in fast 50 Ländern der Welt Millionen von Menschen. Er baut sie durch die Kraft des gesprochenen Wortes auf, gibt ihnen Mut und Zuversicht, ganz nach dem gelebten Motto: »Erfolg kennt keine Grenzen.«

Der Unterschied zu anderen Erfolgssystemen

Meine Fähigkeit, Menschen aufzurütteln, ihre Talente zu entzünden, sie zu mobilisieren, wuchs. Auch die Industrie entdeckte mein Erfolgssystem und suchte meine Unterstützung bei der Lösung ihrer Probleme. Doch mein Hauptinteresse galt und gilt den Menschen, die von sich aus ihrem Leben Sinn und Inhalt geben wollen. Viele Kurse gab ich für Schüler im Alter von vier bis zehn Jahren. Und mein ältester »Kunde« war ein Krebsforscher aus München im Alter von 82 Jahren.

So konnte ich im Laufe der Jahre immer effektivere Techniken entwickeln, die den Menschen befreien und groß machen. Doch worin liegt nun der große Unterschied zu anderen Erfolgssystemen, die es auch auf dem deutschen Markt zuhauf gibt?

Unsere Methode nutzt die Kräfte des Unterbewusstseins zur Persönlichkeitsentwicklung und Leistungssteigerung

Sie liegt vor allem darin, dass es mit unserer Methode – der Quintessenz des gesammelten Wissens großer Denker – gelingt, Macht über das Unterbewusstsein zu erlangen und die Kräfte des Unterbewusstseins zu nutzen, um seine Persönlichkeit zu entwickeln und seine Lebensziele zu erreichen. Unsere Methode ist in fast allen Bereichen des täglichen Lebens einsetzbar: im Sport, in der Industrie, im Alltag, im Familienleben ... Und überall, in allen Bereichen ist eine Steigerung des persönlichen Leistungspotenzials möglich und in kürzester Zeit erreichbar. Das liegt vor allem darin begründet, dass wir nicht den Weg über den Intellekt gehen, sondern über das Unterbewusstsein. Wir fordern die Menschen auf, an den Wurzeln ihres Unterbewusstseins zu arbeiten – dann kommt der Erfolg von ganz alleine.

Und noch etwas sehr Wesentliches unterscheidet uns von vielen anderen Erfolgssystemen: Bei uns lernen die Menschen nicht ständig etwas Neues. Seit mehr als 40 Jahren vermitteln wir die gleichen Botschaften, ergänzt durch neue Forschungsergebnisse – sicher. Allerdings mussten wir in all den Jahren noch nie erkennen, dass wir uns geirrt hatten. Im Gegenteil: Die Philosophie des erfolgreichen Wegs wurde durch aktuelle Studien und Erkenntnisse aus den unterschiedlichsten Wissensbereichen immer wieder bestätigt. Deshalb lehren wir heute nichts anderes als vor 40 Jahren. Aber wir lassen die Menschen das, was sie von unseren Seminaren mit nach Hause nehmen, trainieren, verfeinern und optimieren. Wir lassen sie immer wieder das Gleiche machen – und das Gleiche immer besser. Darin liegt das wahre Geheimnis, warum unsere Methode seit so vielen Jahren so große Erfolge erzielt.

Wir lassen die Menschen immer wieder das Gleiche machen – und das immer besser

Die Zukunft der Erfolgsphilosophie: Dr. Claudia E. Enkelmann

Meine Frau Edith war schon immer mein Fels in der Brandung und hat stets das Institut mit sehr viel wirtschaftlichem und tatkräftigem Geschick im Hintergrund geleitet. Sie hat meine Erfolge erst möglich gemacht und mir drei wunderbare Töchter geschenkt.

Unsere jüngste Tochter Claudia ist 1996 offiziell in unser Institut eingestiegen und hat Schritt für Schritt ihre Seminar- und Autorentätigkeit aufgenommen. Bereits als Studentin hat sie mich oft auf die Wochenendseminare begleitet.

Nikolaus B. Enkelmann mit Tochter Claudia E. Enkelmann

Nach dem Abitur studierte sie Psychologie an der Universität in Gießen und an der renommierten Stanford University in Los Angeles. In dieser Zeit lernte sie einige der ganz großen amerikanischen Psychologen und Motivations-Experten kennen und profitierte von deren Erfahrungsschatz. Im Counseling Center der Crystall Cathedral in Kalifornien, also bei Dr. Robert H. Schuller, dem wohl größten Motivator der Welt, hat sie einige Monate ein Praktikum absolviert und konnte so hautnah die Arbeit dieses Möglichkeitsdenkers erleben. Die Faszination für die wissenschaftlichen Grundlagen der Erfolgspsychologie ließ sie nie ganz los und so präsentierte sie mir immer wieder stolz empirische Belege für die Richtigkeit und Wirksamkeit unseres Erfolgssystems. Neben ihrer Arbeit an meiner Seite wollte sie ihre Forschungsarbeit mit einer Promotion krönen. Weil sie sich sehr für erfolgreiche Frauen interessierte und sich einige Jahre intensiv mit dem Werdegang von Managerinnen und Unternehmerinnen beschäftigt hatte, legte sie den Schwerpunkt ihrer Forschungsarbeit auf die erfolgreichsten Frauen im Vertrieb. Damit vertiefte sie noch ihr großes Wissen und promovierte schließlich mit diesem Thema in den Fächern Soziologie, Psychologie und Pädagogik an der Universität Augsburg.

Claudia wendet dasselbe Erfolgssystem wie ich an – die Philosophie des erfolgreichen Wegs. In den ersten Jahren konzentrierte sie sich ausschließlich auf beziehungs- und frauenspezifische Themen. Vor allem ging es ihr darum herauszufinden, wie Frauen auf ihre spezifisch weibliche Art Glück, Liebe und Erfolg im Leben erreichen können, in der Männerwelt bestehen und trotzdem dabei »ganz Frau« bleiben können. Nachdem auch sie erkannt hatte, dass die Rhetorik der Schlüssel zum Erfolg ist, hat sie ein einzigartiges Charisma-Training entwickelt, in das sie ausdrücklich auch Männer einbezieht. Denn Charisma, die Kunst der magischen Anziehungskraft, mit der man andere Menschen für sich gewinnt, ist keine rein weibliche Angelegenheit, sondern ist eine wichtige Voraussetzung, um seine Ziele zu erreichen und erfolgreich zu sein.

Charisma-Training

4. Die Säulen des Erfolgs

Was bedeutet Ihnen Erfolg?

Was denken Sie wirklich über »Erfolg«? Ist das für Sie ein vollständig positiv besetzter Begriff? Haben Sie nur angenehme Assoziationen damit? Denken Sie bei Erfolg an »glücklich und zufrieden sein«? Und daran, etwas erreicht zu haben? Ja? Dann gratulieren wir Ihnen – denn dann denken Sie anders über Erfolg als die meisten Ihrer Artgenossen.

Das Thema »Erfolg« ist oft negativ besetzt Viele Menschen haben eine ganz und gar negative Einstellung zum Wort »Erfolg«. Für sie ist Erfolg gleichbedeutend mit Rücksichtslosigkeit, Ellenbogenmentalität, Geldmacherei oder Egoismus. Den schlechten Beigeschmack hat Erfolg für sie deshalb, weil sie denken, dass er sich nur auf Kosten anderer verwirklichen lässt. Solche Glaubenssätze werden oft schon in der Kindheit verinnerlicht. Dabei ist »Erfolg haben« für Kinder – wie auch für Erwachsene – ein erhebendes Gefühl und eine Bestätigung ihrer selbst: Man ist stolz, dass man etwas geschafft hat. Beim nächsten Mal weiß man, wofür sich die Anstrengung lohnt. Sei es, wenn man etwas Neues lernt, wie zum Beispiel Fahrrad fahren, oder wenn man eine schwierige Aufgabe zu lösen hat. Es ist einfach toll, auf einen Weg, den man hinter sich gebracht hat, und das Ziel, den Erfolg, den man erreicht hat, zurückblicken zu können. Erfolg ist ein großes Wort und deshalb übersehen wir vieles, was uns klein und unwichtig oder nur normal erscheint, aber dennoch in die Rubrik Erfolg gehört. Erfolge können ganz unterschiedliche Gesichter haben: Eine fremde Sprache erlernt zu haben, ist genauso ein Erfolg, wie sich das Rauchen abgewöhnt zu haben. Es ist ein großer Erfolg, eine glückliche Beziehung zu führen oder eine Diät durchzuhalten.

Erfolg ist immer eine Folge von Denken und Handeln. Darin stecken Lebensgrundsätze, Zielformulierungen und deren Umsetzung. *Erfolg heißt für uns*:

- Wertvolle Ziele zu haben und die Initiative zu ergreifen
- Etwas bewirken zu können
- Leistung zu bringen und Verantwortung zu übernehmen
- Zum Fortschritt beizutragen
- Veränderungen im Positiven einzuleiten
- Richtig mit Menschen umzugehen und sie zu motivieren
- Sich weiterzuentwickeln
- Anderen einen Weg zu zeigen
- Vorbildfunktion zu übernehmen

Erfolg ist schlicht etwas, was »erfolgt«. Denn in seiner ursprünglichen Wortbedeutung ist Erfolg ein Ergebnis, das seiner Ursache folgt. Das Ergebnis ist allerdings völlig wertfrei. Das heißt: Eigentlich gibt es überhaupt keinen Misserfolg, sondern nur Erfolg, der möglicherweise aber anders als gewünscht eintritt! Wenn Sie es einmal so betrachten, dann ist Misserfolg ganz einfach eine Lernhilfe, es beim nächsten Mal anders und besser zu machen!

Erfolg ist das wertfreie Ergebnis, das seiner Ursache folgt

Die sieben Säulen des Erfolgs

Das Fundament für Ihre Zukunft sind Ihre Wünsche und Ihre Träume. Sie sind die Basis für Ihren Erfolg. Erfolg bedeutet für jeden Menschen etwas anderes, doch immer, immer ist er mit der Entwicklung der Persönlichkeit, mit der Erschließung von Potenzialen und der Nutzung von Chancen verbunden. Der Erfolg steht auf sieben Säulen, und diese Säulen werden von allen erfolgreichen Menschen bewusst oder unbewusst genützt.

1. Säule:
Alles ist in mir

Erschließen Sie Ihr Potenzial

In uns Menschen schlummert ein gewaltiges Potenzial. Der Mensch kann fast alles erreichen, was er möchte. Alles, was Sie brauchen, tragen Sie bereits in sich. Doch es gilt diesen Schatz auch selbst zu bergen. Vieles ist verschüttet, verdeckt von schlechten Gewohnheiten, destruktiven Gedanken, Ängsten und Zweifeln, von Pessimismus, Problemen und negativen Gefühlen wie Neid und Missgunst. Erfolgreiche Menschen sind sich ihres gewaltigen ungenutzten Potenzials bewusst und arbeiten jeden Tag daran, sich ihre inneren Ressourcen zu erschließen. Sie gestalten ihre Zukunft durch positive Gedanken und lassen sich von Misserfolgen nicht entmutigen. Die Entfaltung der Persönlichkeit gelingt dann, wenn Sie sich von Ihren inneren Fesseln lösen und lernen, Probleme zu lösen und Krisen zu bewältigen. Wenn Sie sich auf Ihre Stärken konzentrieren und sich Ihrer Macht bewusst werden. Viele Menschen haben Angst davor, die Macht über ihr eigenes Leben, über ihre Entscheidungen zu übernehmen. Dabei haben wir Menschen die Pflicht, aus unseren Talenten und Fähigkeiten etwas zu machen und die Verantwortung für unser Leben und unsere Entwicklung zu tragen. Ein erfolgreicher Mensch arbeitet an seinen Zielen, und welche Ziele das sein können, zeigen Ihnen Ihre Wünsche und Träume.

Ein wichtiger Faktor auf Ihrem Weg in eine erfolgreiche und glückliche Zukunft ist die Entscheidung, ob Sie überhaupt erfolgreich sein möchten. Viele Menschen haben zum Thema Erfolg eine zwiespältige Haltung. Sei es, dass sie von einer falschen Auffassung von Bescheidenheit ausgehen oder dass sie davor zurückscheuen, etwas in ihrem Leben zu verändern. Erfolg ist mit Macht und Einfluss verbunden, und auch davor schrecken viele Menschen zurück, ebenso vor Verantwortung. Der Preis für diese Haltung: Man begibt sich in Abhängigkeit von Entscheidungen anderer und bleibt ständig hinter seinen Möglichkeiten zurück. Doch wer in der Opferrolle verharrt, löst weder seine eigenen Probleme noch die Probleme anderer. Je besser Sie jedoch als Problemlöser sind und je mehr Menschen Sie damit einen Nutzen bringen, umso erfolgreicher und einflussreicher werden Sie sein.

Entscheiden Sie sich gegen die Opferrolle

Die Frage »Will ich überhaupt erfolgreich sein?« erfordert eine klare Entscheidung: für den Erfolg und gegen den Zufall. Eine Entscheidung dafür, das Leben selbst in die Hand zu nehmen. Wie groß ist der Wunsch in Ihnen, ein erfolgreicher Mensch zu sein, der seine Zukunft selbst gestaltet und dazu alle seine inneren Ressourcen und Potenziale nützen wird? An welchem Tag haben Sie entschieden, dass Sie eine erfolgreiche Persönlichkeit werden wollen? Das «Wollen» setzt gewaltige Kräfte frei und gibt Ihnen die Motivation, die Sie brauchen, um sich auf den Weg zu machen.

3. Säule:
Auf welchem Gebiet will ich erfolgreich sein?

Für Ihre Erfolgsplanung ist es ganz wichtig, dass Sie sich darüber klar werden, auf welchem Gebiet Sie erfolgreich sein möchten. Jeder Mensch hat spezielle Fähigkeiten und Talente, und erfolgreiche Menschen konzentrieren sich darauf, was sie am besten können. Das können Sie bei Spitzensportlern ebenso beobachten wie bei Schauspielern, Künstlern und Wissenschaftlern – Spezialisierung und Meisterschaft sind die Erfolgskriterien in allen Bereichen und Disziplinen.

Was kann ich gut und was tue ich gerne?

Wie finden Sie heraus, auf welchem Gebiet Sie erfolgreich sein können? Indem Sie sich fragen: Was fällt mir leicht? Was tue ich gern, was ungern? Was mache ich am liebsten? Welche Probleme löse ich gern? Zu welchen meiner Fähigkeiten bekomme ich die meisten positiven Rückmeldungen von meinen Mitmenschen? Wofür kann ich mich begeistern? Wofür interessiere ich mich besonders? Auf welchem Gebiet kann ich den größten Nutzen erbringen? Reflektieren Sie Ihre Erfahrungen und überlegen Sie, welche Begabungen und Talente Sie haben. Welchen Ihrer Fähigkeiten Sie bislang zu wenig Beachtung geschenkt haben oder welche Sie im Laufe Ihres Lebens vielleicht in den Hintergrund geschoben haben, die Sie wieder hervorholen und ausbauen möchten. Können Sie vielleicht etwas besonders gut, haben es aber bislang nicht gewagt, etwas aus diesem Talent zu machen? Konzentrieren Sie sich bei all Ihren Überlegungen zu Ihrem Spezialgebiet darauf, einmalig in diesem Bereich zu werden. Wie können Sie sich besonders spezialisieren, womit können Sie besonders aus der Masse hervorstechen, wo können Sie »spitze« sein?

Je talentierter man ist, desto schwieriger wird die Entscheidung, Experte nur auf einem Gebiet zu werden. Die meisten

Menschen interessieren sich für alles Mögliche, sind jedoch auf keinem Gebiet spitze. Vielseitigkeit ist keine Stärke, sondern hat meist nur zur Folge, dass man sich verzettelt oder beliebig austauschbar ist. Sie sollten versuchen, nur auf einem Gebiete ein Experte, ein Profi bzw. ein Spezialist zu werden. Steffi Graf wäre niemals eine so erfolgreiche Tennisspielerin geworden, wenn sie neben dem Tennisspielen auch noch zum Reiten, Hockeyspielen und Golfen gegangen wäre.

Vielseitigkeit ist keine Stärke

Gehen Sie davon aus, dass Sie fünf Jahre und mindestens 10 000 Stunden Training benötigen werden, um an die Spitze zu kommen – und legen Sie dann Ihre Prioritäten und Ihren Zeitplan fest. Der Erfolg kommt nicht über Nacht, aber die Entscheidung dafür, in welchem Bereich Sie erfolgreich sein wollen, ist der erste, wichtige Schritt.

4. Säule:
Andere Menschen machen mich erfolgreich

Der Mensch braucht andere Menschen, die an seine Talente glauben und die ihn unterstützen. Wer den Weg des Erfolgs gehen will, braucht ein Umfeld, das ihn bestärkt und fördert. Das gilt für die Partnerschaft und die Familie wie auch über diesen engeren Kreis hinaus für Freunde, Kollegen oder Kunden. Wer ist Ihnen wohlgesinnt und wer kann Sie auf Ihrem Weg begleiten? Wer kann Ihnen dabei helfen, erfolgreich zu werden? Und wo sind Widerstände zu erwarten, wer wird sich mit den positiven Veränderungen in Ihrem Leben vielleicht schwertun und Ihre Ziele kritisieren? Wie werden Sie damit umgehen?

Bestärkt und fördert mich mein Umfeld?

Erfolgreich ist, wer die Probleme anderer löst, wer anderen einen Nutzen bietet. Erfolg entsteht durch Interaktion mit anderen, im Rahmen von Beziehungen, die fester oder lockerer sind, dauerhaft oder temporär. Die Art und Weise, wie Sie Ihre Beziehungen gestalten, also wie Sie mit anderen Menschen umgehen, spielt daher eine große Rolle für Ihren Erfolg.

Erfolgreiche Beziehungen gestalten Bitten Sie andere um ihre Hilfe und um ihre Unterstützung. Das ist kein Zeichen von Schwäche, sondern zeigt, dass sie den anderen schätzen und ihm etwas zutrauen, dass Sie seine Kompetenz nützen möchten. Geben Sie anderen durch das Delegieren von Aufgaben die Möglichkeit, selbst Erfolgserlebnisse zu haben und zu zeigen, was sie können. Konzentrieren Sie sich darauf, was Sie selbst am besten können, und holen Sie sich die Unterstützung anderer, die auf anderen Gebieten die Besten sind. Ein erfolgreicher Mensch weiß, dass er nicht allein für seine Erfolge verantwortlich ist. Er dankt anderen immer wieder für ihren Beitrag, er zeigt seine Wertschätzung und wird sich so die Loyalität anderer sichern. Ob in der Partnerschaft und in der Familie oder im Berufsleben, ob gegenüber Kunden oder Geschäftspartnern, der Dank hat eine starke emotionale Wirkung. Nützen Sie diese, um andere zu begeisterten Mitstreitern für Ihre Ziele zu machen.

Dabei ist auch der Lebenspartner unglaublich wichtig, denn dieser Mensch ist ihr wichtigster Fan und Unterstützer. Die Funktion einer Beziehung besteht nämlich nicht nur darin, einander zu lieben, sondern vor allem darin, einander unermüdlich zu ermutigen und sich gegenseitig bei der Verwirklichung von Lebenszielen zu helfen. Gemeinsam ist man einfach stärker und daher sollten wir ein wirkliches Miteinander leben. Unterschätzen Sie nie die Macht einer guten Beziehung. Sie ist die halbe Miete auf dem Weg an die Spitze.

Erfolgreich wird aber nicht nur der sein, der sich von anderen helfen lässt, sondern auch, wer anderen hilft. Es ist ein Wechselspiel von Geben und Nehmen. Sie können anderen mit Tipps und Hinweisen helfen, Kontakte für sie herstellen, sie als Mentor bei den nächsten Karriereschritten begleiten und vieles mehr. Und der Erfolg dieser Menschen, denen Sie weiterhelfen, wird auch Sie erfolgreich machen, denn Sie können selbst Neues lernen, neue Menschen kennenlernen, neue Erfahrungen machen.

Eines noch: Wir alle brauchen gute Lehrer, denn ein guter Lehrer erspart uns viele Enttäuschungen und Irrwege. Suchen Sie sich also starke Verbündete, starke Partner und starke Lehrer.

5. Säule:
Ich kann alles lernen

Was für Kinder und Jugendliche völlig normal ist, nämlich zu lernen und sich jeden Tag weiterzuentwickeln, sieht bei Erwachsenen oft ganz anders aus. Die meisten Menschen hören irgendwann auf, geistig zu wachsen. Sie tun, was sie immer getan haben, und greifen auf Erfahrungen zurück, die sie schon einmal gemacht haben. Sie scheuen Herausforderungen und Veränderungen und machen einen großen Bogen um alles Neue. Diese Haltung mag bequem sein, aber sie bringt Sie nicht weiter. Und schon gar nicht führt sie zu jenem Erfolg, der Sie wirklich zu einem außergewöhnlichen Menschen macht. In unserer schnelllebigen Zeit, in der sich von der Kommunikationstechnologie bis zu den Strukturen in der Arbeitswelt alles rasant verändert, ist diese Haltung besonders fatal. Viele Potenziale bleiben auf diese Weise unentdeckt, viele Chancen für ein erfolgreiches Leben bleiben ungenützt.

Dass es auch anders geht, zeigen viele erfolgreiche Menschen jeden Tag. Was unterscheidet diese von den vielen anderen, die sich nicht aus der Masse lösen? Erfolgreiche Menschen lernen ständig dazu. Sie werden auf ihrem Spezialgebiet immer besser. Sie setzen leben mit lernen gleich und hören nie

Erfolgreiche Menschen wissen: Leben heißt lernen

auf, zu lernen. Sie können alles lernen. Sie können lernen, eine charismatische Persönlichkeit zu werden, Sie können lernen, Ihre Mitmenschen durch Ihre Ausstrahlung zu begeistern und zu beeinflussen, Sie können lernen, Ihre Mitarbeiter zu führen, und Sie können lernen, Ihren Partner glücklich zu machen. Oder, anders ausgedrückt: Sie können lernen, erfolgreich zu sein. Der Kluge lernt auf Kosten anderer, der Dumme auf eigene Kosten: Suchen Sie sich Vorbilder, von denen Sie lernen können, frei nach dem Motto: »So möchte ich auch werden, dieser Mensch ist erfolgreich und ich kann mir von ihm etwas abschauen.« Wer ist die Nummer eins in Ihrem Gebiet? Wo können Sie erfolgreiche Menschen kennenlernen? Lesen Sie Fachzeitschriften aus Ihrem Bereich, informieren Sie sich über Neuerscheinungen auf dem Buchmarkt, beobachten Sie, welche Seminare und Vortragsthemen die Experten in Ihrem Bereich anbieten.

Wir wachsen in der Auseinandersetzung mit neuen Situationen

Lernen Sie, Ihre Mitmenschen richtig zu beurteilen. Wie möchten Ihr Partner, Ihre Mitarbeiter, Ihre Kunden angesprochen werden, wie möchten sie behandelt werden? Aus dem Umgang mit anderen Menschen lernen wir und wachsen in der Auseinandersetzung mit neuen Situationen. Erfahrungen mit schwierigen Menschen oder herausfordernden Situationen machen uns stärker. Verurteilen und kritisieren Sie nicht, sondern lernen Sie, wie Sie davon profitieren können. Ein erfolgreicher Mensch ist wie eine Eiche, er braucht Widerstände, um zu wachsen. Jeder Misserfolg wird so zum Prüfstein, an dem Sie erkennen, aus welchem Holz Sie geschnitzt sind, ob Sie wirklich bereit sind zu lernen und Ihre Ziele anzusteuern.

6. Säule: Die Macht des Unterbewusstseins kennen und nutzen

Das menschliche Wesen besteht aus dem Bewusstsein, dem Unterbewusstsein und dem kollektiven Unterbewusstsein. Stellen Sie sich einen Eisberg vor: Die sichtbare Spitze, die aus dem Wasser ragt, repräsentiert das Bewusstsein, der unterste Teil ist das kollektive Unterbewusstsein und dazwischen befindet sich das Unterbewusstsein.

Das Bewusstsein macht den kleinsten Teil unseres Ich aus, dennoch identifizieren sich viele Menschen ausschließlich mit diesem Bereich ihres Seins. Doch wirklich gestaltet wird unser Leben dort nicht, diese Aufgabe übernimmt unser Unterbewusstsein. Dort entscheidet sich, ob wir glücklich oder unglücklich, gesund oder kränklich, erfolgreich oder erfolglos sind. Gefühle, Körperfunktionen, Stoffwechsel, intellektuelle Fähigkeiten: Alles entsteht im Unterbewusstsein oder wird von dort gelenkt. Im kollektiven Unterbewusstsein wiederum sind die Erfahrungen der Menschheit gespeichert. Anders formuliert: Alles Wissen der Menschheit, das »Urwissen«, ist in uns vorhanden. Um es zu erschließen, müssen wir nur den richtigen Schlüssel, den passenden Code finden.

Die wenigsten Menschen sind sich über die Funktion des Unterbewusstseins im Klaren. Man kann es mit der Festplatte eines Computers vergleichen, auf der jede Erfahrung, jeder Gedanke und jede Information, jede Art von Gefühl gespeichert ist. In diesem Lebenscomputer hinterlassen auch Empfindungen, die wir gar nicht beachten, und Worte, die wir gar nicht bewusst hören, ihre Spuren. Durch die Technik der Suggestion bzw. Autosuggestion kann das Unterbewusstsein gezielt angesprochen werden, es kann sozusagen auf Erfolg »programmiert« werden. So können Sie zum Beispiel Ihre Gedanken über sich selbst und über Ihren Erfolg positiv aus-

Die Festplatte unseres Ichs

richten und sich auf diese Weise mental unglaublich stärken. Wer Angst und Zweifel ausstrahlt, von Unzulänglichkeitsgefühlen geplagt wird, sollte sich dringend davon lösen und seine innere Haltung an Positivem ausrichten. Selbstunterstützendes Denken ist der Schlüssel dazu, und diese Selbstunterstützung erreichen Sie durch positive Autosuggestion.

Die folgende Autosuggestion hilft Ihnen, *Ihr Selbstbild als erfolgreicher Mensch zu festigen*. Lernen Sie die folgenden Zeilen am besten auswendig und rezitieren Sie diese täglich viermal mit Kraft und Leidenschaft:

> *Ich bin fest entschlossen,*
> *die Chancen meines Lebens zu nutzen.*
> *Wer erfolgreich sein will,*
> *muss im Sprechen beherrscht*
> *und im Tonfall seiner Stimme absolut sicher sein.*
> *Ich weiß, dass für die Macht der Sprache*
> *die innere Sicherheit ausschlaggebend ist –*
> *das ist eine Frage des Vertrauens zur eigenen Kraft.*
> *Ich kann im Sprechen nur dann sicher sein,*
> *wenn ich innerlich sicher bin.*
> *Ich bin sicher – vollkommen sicher –*
> *und frei von allen Hemmungen.*

Sie können die Wirkung der Suggestion, mit der Sie sich positiv programmieren, enorm verstärken, indem Sie sich vor einen Spiegel stellen, sich in die Augen schauen und dann die Suggestion ganz laut sprechen. Sprechen Sie Ihre Suggestion möglichst einmal am Tag viermal hintereinander laut vor dem Spiegel.

Warum vor dem Spiegel? Weil so Ihr Unterbewusstsein ein Feedback bekommt, dass ihm bei der Entfaltung Ihrer Persönlichkeit hilft. Spiegel sind nicht aufgestellt, damit wir unsere Eitelkeit ausleben, sondern zur Selbsterkenntnis. In jeder Ballettschule hängen Spiegel zur Kontrolle und Verbesserung der Körperbeherrschung. Durch den Spiegel bekommen wir Informationen über uns selbst, korrigieren uns und werden Schritt für Schritt immer besser und stärker.

Sie sollten den Text der Autosuggestion unbedingt auswendig lernen, denn nur das, was Sie auswendig gelernt haben, prägt sich ganz tief in Ihr Unterbewusstsein ein und kann dort seine Wirkung entfalten. Durch die tägliche Wiederholung dieser Übung werden Sie zu einem Meister der Selbstbeeinflussung.

Mit der Autosuggestion trainieren Sie Ihren inneren Computer: Ihr Unterbewusstsein wird die Sätze aufnehmen und die Aussagen werden Ihre Zukunft beeinflussen. Wählen Sie die Inhalte, mit denen Sie Ihr Unterbewusstsein füllen, also mit Bedacht aus und konzentrieren Sie sich ganz stark darauf. Erfolgreiche Menschen sind sich dessen bewusst, dass sie selbst dafür verantwortlich sind, nach welchem »Programm« sie leben. Das Unterbewusstsein unterscheidet nicht zwischen gutem und schlechtem Input, es nimmt alles auf und führt lediglich aus, was ihm einprogrammiert wird. Wer sich von den Medien berieseln lässt oder sich ständig von anderen sagen lässt, was er zu denken hat, wer er ist oder zu sein hat, lebt nicht nach seinem eigenen Programm, sondern folgt den Interessen anderer. Mit positiven, erfolgsorientierten Autosuggestionen steuern Sie bewusst, wer Sie sind und werden.

Bewusst steuern, wer Sie sind und werden

Bewusstsein, Unterbewusstsein, Urwissen: Die Bewusstseinszustände sind durchlässig, und wenn ein Mensch entspannt und locker ist, verbessert sich die Zusammenarbeit und Kommunikation dieser drei so unterschiedlichen Bewusst-

seinsschichten. Wer sich auf diese Weise alle Bewusstseins-
bereiche zugänglich macht, kann aus einem unendlichen,
gewaltigen Wissen schöpfen, kann Ideen und Lösungsansät-
ze für viele Probleme und Herausforderungen finden. Angst
blockiert Sie und Anspannung führt zu körperlicher und see-
lischer Verspannung, die den Zugang zu unseren Wurzeln
und damit zu unseren Bewusstseinsbereichen blockiert. Das
Alpha-Training, also unsere Entspannungsübungen und unsere CD, hilft Ihnen, sich immer besser zu konzentrieren und
zu entspannen. So regenerieren Sie mühelos Ihre Nervenkraft und programmieren Ihr Unterbewusstsein auf Erfolg.
Belastbarkeit, mentale Stärke und die Zuversicht, die sich daraus ergeben, sind eine wichtige Voraussetzung, Ihre Ziele zu
erreichen und wirklich auf Dauer erfolgreich zu sein.

7. Säule: Das erfolgreiche Leben beginnt mit der Fähigkeit, erfolgreich zu sprechen

Ihr Erfolg, Ihre Ausstrahlung, Ihr Einfluss auf andere werden durch die Fähigkeit, erfolgreich zu sprechen, besonders
gefördert. Es gibt kein anderes Mittel, mit dem Sie sicherer
nach oben kommen, als Reden und Vorträge. Rhetorik ist der
Schlüssel zu Macht und Erfolg. Die Fähigkeit, Menschen zu
überzeugen, ist das wertvollste Werkzeug für die Erreichung
Ihrer Ziele. Dabei geht es aber nicht nur darum, in Reden und
Vorträgen zu brillieren, sondern seine Sprache insgesamt er-
folgsorientiert auszurichten und in jeder Situation wirkungsvoll zu kommunizieren.

Als guter Redner eine gute Figur machen

Reden und Vortragen gehören zu den Fähigkeiten, die man
sich am besten dadurch aneignet, dass man z.B. in unserem
Rhetorik-Seminar die entscheidenden Techniken der Überzeugungskunst trainiert und anschließend diese bei jeder Gelegenheit übt. Mit dem richtigen Grundwissen kombiniert ist
»Learning by doing« die beste Methode zu trainieren, wie

man bei jeder Gelegenheit als Redner eine gute Figur macht. Ob Mitarbeiterbesprechung in kleiner Runde oder Vortrag vor einem großen Auditorium: Jeder Auftritt wird Ihnen mehr Mut geben. Sie werden von Ihren Mitmenschen Anerkennung und Bewunderung ernten. Und Sie werden in allen Ihren Lebensbereichen, ob im Beruf oder im Privatleben, erfolgreicher sein, als Sie sich das vielleicht je erträumt haben. Auch beim Thema Sprechen gilt: Suchen Sie sich Vorbilder, von denen Sie sich abschauen können, was einen exzellenten Redner ausmacht. Sehen Sie sich Vorträge an, ob live oder im Internet, lesen Sie berühmte Reden und bilden Sie sich bei jeder nur erdenklichen Gelegenheit weiter.

Rhetorik ist die Lehre von der Wirkung des Menschen: Es zählt nicht nur das, was Sie sagen, sondern zu einem großen Teil, wie Sie es sagen. Ihre äußere Erscheinung, Ihre Körpersprache, Ihre Augen, Ihre Stimme unterstreichen das Gesagte, Ihr Auftritt muss stimmig sein. Übrigens: Das Erfolgsgeheimnis vieler berühmter Redner ist die Wiederholung. Sie halten im Grunde immer wieder dieselbe Rede, die dabei immer besser wird. Dazu werden manche Teile etwas abgewandelt, je nach Anlass, Publikum und aktuellem Bezug, im Prinzip aber sind viele Reden und Vorträge gleich oder einander sehr ähnlich. Bereiten Sie zum Beispiel unterschiedliche Vorträge zu Ihrem Spezialgebiet vor, die Sie bei diversen Veranstaltungen immer wieder halten. Sie können sich damit bei vielen Gelegenheiten als Experte darstellen, kommen mit anderen Experten ins Gespräch und können so Ihre Reputation beständig ausbauen.

Erfolgreich zu sprechen ist aber nicht nur in Vortragssituationen oder Auftritten vor größeren Gruppen ein wichtiger Erfolgsfaktor, sondern in jeder Gesprächssituation, vom Smalltalk bis zur Rede vor kleineren oder größeren Gruppen. Erfolgreiche Menschen können sich in jeder Gesprächssituation sicher bewegen und wissen um die Bedeutung der Spra-

Die Zutaten für erfolgreiches Sprechen

che. Auf andere zuzugehen, zu fragen, zuzuhören, immer wieder anerkennende Worte einzuflechten gehört ebenso zum Repertoire des erfolgreichen Sprechers wie die Fähigkeit, andere in einen Dialog einzubeziehen und positive Gefühle in ihnen zu wecken. Erfolgreiche Menschen kennen überdies das wichtigste Wort im Leben jedes Menschen: seinen Namen. Sie verwenden den Namen des Gegenübers im Gespräch so oft wie möglich und prägen sich diesen ein. Eine positive Ausdrucksweise, die Verwendung einfacher Worte, Humor und Interesse, fragen und zuhören können sind die Zutaten für erfolgreiches Sprechen – Training und Übung verhelfen zu Selbstsicherheit und Souveränität.

> »Wer das Außergewöhnliche will,
> muss selbst außergewöhnlich sein!«
> NIKOLAUS B. ENKELMANN

Von der Masse abheben – einzigartig werden!

Erfolgreiche Menschen sind einzigartig. Sie sind keine Durchschnittstypen, sondern heben sich durch ihre besonderen Fähigkeiten, ihre Ausstrahlung, ihren Umgang mit anderen von der Masse ab. Das erstrebenswerte Ziel jedes Menschen, der Erfolg im Leben haben möchte, sollte es deshalb sein, sich von der Masse zu unterscheiden. Aber welche Motive und Merkmale sind es, die den einzigartigen Menschen vom Massenmenschen abheben?

Messen Sie sich Wert bei Masse ist jeder, der sich nicht selbst aus besonderen Gründen einen besonderen Wert beimisst. Zur Masse gehört, wer sich selbst für Durchschnitt hält. Die Gesellschaft ist eine dynamische Einheit zweier Kategorien: der Eliten und der Massen.

Dabei handelt es sich um keine Einteilung nach sozialen, sondern nach menschlichen Kriterien. Grob gesagt, kann man die Menschen einteilen in solche, die viel von sich fordern und sich mit Pflichten beladen, und in solche, die nichts Besonderes von sich fordern, die sich damit begnügen, von einem Augenblick zum anderen zu leben und zu bleiben, was sie schon lange sind. Diese Menschen verspüren nicht den Drang, über sich hinauszuwachsen und mehr zu erreichen.

Fordern Sie sich

Der Massenmensch ist der Mensch, der ohne Ziel lebt und sein Schicksal dem Zufall überlässt. Deshalb baut er nichts auf, und obwohl seine Möglichkeiten und Kräfte enorm sind, nutzt er sie nicht. Er ist von seinem Wesen her nicht in der Lage, sein eigenes Dasein bewusst zu lenken.

Der einzigartige Mensch dagegen besitzt sein größtes Vermögen in Form seiner Fantasie: Er kann sich sehr gut vorstellen, wo er in einem Monat, in fünf oder zehn Jahren stehen möchte. Er wird beflügelt von seinen Wünschen, weil er sich vorstellen kann, wie es sein wird, wenn diese Wünsche in Erfüllung gegangen sind. Der einzigartige Mensch weiß um die Bedeutung von Zielen. Leben heißt für ihn, auf ein Ziel zuzuwandern. Wir sind fest davon überzeugt, dass *jeder Mensch Anlagen in sich trägt, die ihn einzigartig machen.*

Das größte Vermögen: die Fantasie

Unsere Grundüberzeugungen sind:

- Jede Person ist einzigartig.
- Jede Person erhält bei ihrer Geburt eine vollkommene Persönlichkeit.
- Unsere Aufgabe ist die Entfaltung.
- Jeder Mensch besitzt genügend Ressourcen.
- Unsere Aufgabe ist es, an der Weiterentwicklung der Schöpfung zu arbeiten.
- Jeder Mensch hat die Möglichkeit, sich durch Training und Üben weiterzuentwickeln.

- Das Gehirn jedes Menschen verfügt über eine enorme Lernfähigkeit.
- Der Alpha-Zustand, in dem die Aufnahmefähigkeit des Gehirns am größten ist, ist ein natürlicher Zustand.
- Die Suggestion ermöglicht die Nutzung der menschlichen Ressourcen.
- Das Unterbewusstsein kann autonom intelligent und in unserem Interesse für uns arbeiten.
- Der Mensch hat die Fähigkeit vorauszudenken und zu planen.
- Der Mensch hat die Freiheit der Aktion und der Reaktion.
- Jede Persönlichkeit besitzt die Fähigkeit, Entscheidungen zu treffen.

Die Philosophie des erfolgreichen Wegs macht Sie zum einzigartigen Menschen

Das Ziel der Philosophie des erfolgreichen Wegs kann schon aus all den genannten Gründen nur der einzigartige Mensch sein. Und jeder Mensch hat aus den genannten Gründen die Pflicht, an seiner Einzigartigkeit zu arbeiten und sie anzustreben. Denn all die genannten, wunderbaren Anlagen, die jedem Menschen erlauben, das Besondere, Außergewöhnliche, Einzigartige in sich selbst zu entdecken und zu aktivieren, wären umsonst in uns angelegt, wenn wir sie nicht nutzen! Es käme einer ungeheuren Vergeudung von wertvollem Kapital gleich, wenn diese Voraussetzungen für größtmögliche, überragende Erfolge in der Bedeutungslosigkeit der Masse versanden würden! Deshalb sollte – muss! – jeder Mensch das Ziel im Leben haben, einzigartig zu werden.

Der einzigartige Mensch unterscheidet sich durch die folgenden *neun Prinzipien des Erfolgs* vom Massenmenschen:

Die neun Prinzipien des Erfolgs

1. Selbsterkenntnis

Der einzigartige Mensch kennt seine Wünsche, er hat Fantasie und kann Visionen entwickeln, er ist sich seiner Stärken bewusst und weiß, dass er durch diese Stärken seine Wünsche und Visionen in die Realität umsetzen kann.

2. Selbstumgang

Der einzigartige Mensch kann mit seinen Stärken, aber auch mit seinen Schwächen umgehen. Er wird geleitet von Selbstvertrauen und dem Selbstbewusstsein, dass alles in ihm ist und er es nur aktivieren und entwickeln muss.

3. Wollen

Der einzigartige Mensch wird getragen von der starken inneren Motivation, seine Ziele zu erreichen. Er hat einen starken Willen und lässt sich von nichts und niemandem von seinem Weg abbringen.

4. Kraft und Energie

Der einzigartige Mensch verfügt über sehr viel Kraft und Energie – und er verfügt über Techniken, seine Leistungsreserven immer wieder aufs Neue zu aktivieren.

5. Können

Der einzigartige Mensch ist auf seinem Gebiet ein Könner. Er weiß, dass er über alle Fähigkeiten verfügt, um auf seinem Spezialgebiet an die Spitze zu kommen und sich einen Namen zu machen.

6. Beziehungsfähigkeit

Der einzigartige Mensch weiß, dass er nur Erfolg hat, wenn er andere für sich und seine Ziele gewinnen kann. Er hat eine gute Partnerschaft, einen Partner / eine Partnerin, der / die ihn unterstützt, und er pflegt gute Beziehungen und Kontakte zu anderen Menschen.

7. Konzentrationsfähigkeit

Der einzigartige Mensch trainiert sein Unterbewusstsein, weil er weiß, dass Konzentrationsfähigkeit wichtiger ist als Intelligenz. Er kann sich auf den Punkt konzentrieren und ein Höchstmaß an Leistung abrufen.

8. Lernbereitschaft

Der einzigartige Mensch weiß um die Bedeutung von Training und guten Lehrern. Er ist bereit, immer etwas dazuzulernen, was ihn weiterbringt. Er arbeitet an seiner Persönlichkeit und trainiert regelmäßig, um noch besser zu werden.

9. Rhetorik

Der einzigartige Mensch arbeitet an seiner Stimme und an seiner rhetorischen Ausdrucksfähigkeit, weil er um die Macht der Überzeugungskraft weiß. Rhetorik ist für ihn Persönlichkeitstraining und der Schlüssel zur Macht.

Wenn Sie diese neun Regeln befolgen, werden Sie schon bald erkennen, dass Sie sich von der Masse abheben und zu einer einzigartigen Persönlichkeit entwickeln – jeden Tag ein wenig mehr!

Erfolg beginnt im Kopf

Erfolg beginnt im Kopf! Das Geheimnis eines erfolgreichen und erfüllten Lebens liegt im Gehirn des Menschen. Unser Gehirn ist das höchstentwickelte Organ der Natur. Ein magisches Instrument – man muss es nur zu spielen verstehen! Es besitzt die Fähigkeit zu denken. Unter Denken verstehen wir die gesamte Verstandestätigkeit. Gedanken sind »Vorstellungsinhalte«. Diese Vorstellungsinhalte lassen uns siegen oder untergehen. Denn nur, was Sie sich auch vorstellen können, lässt sich in die Tat umsetzen.

Jeder Erfolg beginnt mit dem ersten Schritt – mit dem ersten Gedanken. Deshalb ist es so wichtig, unser Gehirn mit den »richtigen« Gedanken zu versorgen. Sie kennen sicher das Sprichwort: »Der Weg zur Hölle ist gepflastert mit guten Vorsätzen!« Gute Vorsätze hat wohl jeder Mensch – den Vorsatz, eine Aufgabe gut zu erledigen, zum Beispiel. Doch schon nach dem ersten Misserfolg geben viele auf. Es hat ja nicht geklappt, lautet die Ausrede. Die größten Wünsche und großartigsten Ziele nützen nichts, wenn das Unterbewusstsein nicht »mitmacht«. Es gibt viele Irrtümer, wenn es darum geht, den richtigen Weg zum Erfolg zu beschreiben. Und es gibt viele Lügen, mit denen die Menschen ihre Misserfolge rechtfertigen.

Der erste Schritt: die richtigen Gedanken

Elf Lügen des Misserfolgs

1. Erfolg ist schwerer als Misserfolg.
2. Versager werden immer Versager bleiben.
3. Lernen kann ich nur durch Fehler.
4. Reiche Menschen sind Diebe.
5. Ich darf keine Fehler zugeben.
6. Starke Menschen brauchen keine Hilfe.
7. Ich darf niemandem weh tun.
8. Ich bin für alles verantwortlich.
9. Ich bin an allem schuld.
10. Ich habe überhaupt keine Probleme.
11. Ich kann es nicht mehr ertragen.

Um diesen Lügen nicht Glauben zu schenken und nicht dem Irrtum zu erliegen, dass Erfolg für Sie nicht möglich ist, ist es wichtig, das Wissen und die Kraft Ihres Unterbewusstseins zu nutzen und für Ihre positiven Ziele und Wünsche einzusetzen. Unser Erfolgssystem liefert dafür die richtigen »Werkzeuge«.

Jeder Mensch braucht eine sinnerfüllte Aufgabe

Eine wichtige Prämisse unserer Philosophie des erfolgreichen Wegs lautet: Jeder Mensch braucht eine Aufgabe – und er muss in dieser Aufgabe einen Sinn sehen. Dies wird besonders deutlich, wenn Manager, die tagaus tagein von einem Termin zum anderen hetzten und auch in ihrer Freizeit per Handy erreichbar waren, von einem Tag auf den anderen in den Ruhestand treten – und in ein großes, schwarzes Loch fallen. Was passiert mit ihnen? Richtig, sie wissen nicht mehr, wofür sie überhaupt leben und warum sie überhaupt da sind. Doch nicht nur für Menschen, die vom Berufsleben in den Ruhestand wechseln, spielt die Frage nach dem Sinn eine große Rolle. Sie betrifft jeden von uns.

Eine tiefe innere Zufriedenheit erreichen Sie, wenn Sie nicht nur Selbstverwirklichung anstreben. Selbstverständlich müssen Ihre Begabungen und Potenziale zu Ihrer Tätigkeit passen. Doch es ist auch notwendig, dass Sie in Ihrem Tun einen Sinn sehen. Fragen Sie sich daher: Welchen Sinn möchte ich verwirklichen? Wie kann ich diesen Sinn hier auf der Erde mit meinem Handwerkszeug, meinen Begabungen, Fähigkeiten, Stärken und Schwächen verwirklichen? Wie kann ich gleichzeitig anderen einen Nutzen bringen? Wie schaffe ich es, menschlich zu sein, gut mit Menschen umzugehen, Fehlschläge abzufangen und positiv in die Zukunft zu blicken?

Wer glücklich sein will, muss seine Bedürfnisse kennen

Um den Sinn im eigenen Leben zu finden, ist ein erhebliches Maß an Selbstreflexion erforderlich. Man muss in der Lage sein zu fragen: Wer bin ich? Was macht mich aus? Was kann ich besonders gut? Wofür möchte ich leben? Was ist mir wirklich wichtig? Es geht letztlich darum, Klarheit über die eigenen Wünsche zu erlangen. Wissenschaftler bestätigen dies: Wer glücklich sein will, muss erst seine eigenen Bedürfnisse kennen. Die Wunschklarheit ist die wichtigste Voraussetzung, damit Ihre Wünsche jemals erfüllt werden können. Wer nicht weiß, was er will und was er sich wünscht, der weiß auch nicht, welchen Weg er einschlagen muss. Und: Erst wenn Sie Ihre Wünsche, Pläne und Ziele umgesetzt haben, stellt sich Glück ein.

Zehn Thesen für die Entwicklung zu einer erfolgreichen Persönlichkeit

Mithilfe der folgenden zehn Thesen – Ihrem »Erfolgswerkzeug« für Ihre persönliche Standort- und Zielbestimmung – erlangen Sie nicht nur Wunsch- und Zielklarheit, sondern legen auch den Grundstein für Ihre positive und nachhaltige Entwicklung zu einer erfolgreichen Persönlichkeit.

1. These: Erfolg ist kein Zufall

Jeder Mensch kann und sollte erfolgreich sein, doch Erfolg hat letztlich nur derjenige, der den Erfolg auch will! Die meisten Menschen haben nicht erkannt, wie wichtig Erfolg ist, sowohl für den Einzelnen als auch für die Gemeinschaft. Dieses Bewusstsein gilt es in jedem Menschen zu stärken. Denn wenn das Interesse an großen Aufgaben, an Herausforderungen geweckt wird, sind immer mehr Menschen bereit, an der Lösung anstehender Probleme mitzuwirken und das Zufallsprinzip auszuschalten, indem sie Erfolge verursachen. Kommen Sie heraus aus der Warteschleife und nehmen Sie Ihr Schicksal selbst in die Hand! Übernehmen Sie die Verantwortung für Ihr Glück und Ihre Zukunft!

Verlassen Sie die Warteschleife

Aufbauendes Denken

Positives Denken allein reicht sicher nicht, doch vor jeder Handlung steht ein Gedanke, eine Idee. Wenn man den Menschen negative Botschaften einreden kann, dann kann man ihnen auch positive Gedanken vermitteln – zum Beispiel in Form von Komplimenten. Das funktioniert bereits bei Kindern (»Das kannst du aber gut!«), jede Frau liebt Komplimente (»Du siehst toll aus!«), jeder Mensch lässt sich gern etwas Gutes sagen und loben (»Eine super Leistung!«). Wer positiv denkt, geht auch positiver an Aufgaben heran, auch an schwierige. Positives Denken ist aufbauendes Denken: Es baut auf! Am einfachsten erreicht man eine Veränderung des Denkens hin zum Positiven mithilfe von Autosuggestionen – einer Neuprogrammierung des Unterbewusstseins durch aufbauende Gedanken. Aber auch wer positiv mit anderen Menschen spricht, verändert seine Gedanken Schritt für Schritt, denn das Wort verändert den, der es spricht, genauso wie den, der es hört.

3. These:
Ohne Kraft geht nichts!

Tiefenentspannung und Bewegung

Ohne Kraft gibt es keine Bewegung – Kraft ist der Motor auf dem Weg zum Erfolg. Ein vitaler Mensch, der über große Kraftreserven verfügt, der im Kräfteüberschuss lebt, kann sein volles Potenzial entfalten. Energie und Kraft sind die Erfolgsfaktoren für den langen und kräftezehrenden Weg zu einem großen Ziel. Doch Kraft baut sich nicht automatisch auf. Der größte Kraftfresser ist die Angst – und der größte Kraftlieferant die Angstfreiheit. Durch Tiefenentspannung, wie sie in unserem mentalen Training praktiziert wird, kann der Mensch lernen, sich von seinen Ängsten zu lösen und seine Kraftreserven aufzufüllen. Konzentration ist wichtiger als Intelligenz. Maximieren Sie Ihre (Nerven-)Kraft auch durch regelmäßige Bewegung. Finden Sie Ihren eigenen Rhythmus und entwickeln Sie viele gute Gewohnheiten.

4. These:
Wer seine Stärken nicht kennt, verliert

Fokus auf Stärken

Die meisten Menschen sind falsch »programmiert«! Sie sind getrieben von Selbstzweifeln, Ängsten und Minderwertigkeitskomplexen. Wer nicht in die Entwicklung und Entfaltung seiner Persönlichkeit investiert, verpasst den Zug in die Zukunft. Jeder Mensch hat Fehler – und darf Fehler haben! Auch wer viele Fehler und Schwächen hat, kann erfolgreich sein. Was zählt, ist der Charakter. Ein Erfolgscharakter kennt seine Schwächen, aber vor allem kennt er seine Stärken – und nutzt sie, um noch erfolgreicher zu werden! Streben Sie aber nicht danach, perfekt zu werden! Perfektion weckt nur Aggression und ist zudem Energieverschwendung.

5. These:
Ohne Training kein Erfolg

Verhaltens-programme zur Umsetzung

Denken ist gut, nützt aber nichts, wenn es nicht in Handlung umgesetzt wird. Der Mensch muss lernen, sich selbst zu steuern. Dafür benötigen wir erprobte und funktionierende Verhaltensprogramme, die negative Gewohnheiten durch positive ersetzen. Wirkungsvolle Programme sind die Autosuggestion oder die Spiegelmagie, wie wir sie in unseren Seminaren lehren. Mit Ausdauer und systematischem Training lassen sich mithilfe dieser Techniken selbst hartnäckige Gewohnheiten verändern.

6. These:
Erfolg hat nur, wer Wünsche hat

Mit Wunsch und Plan zum Ziel

Es gibt keine großen Menschen, es gibt nur Menschen mit großen Zielen! Für Oscar Schellbach war es – wie übrigens auch von Goethe erkannt – vor allem die Größe und Intensität eines Wunsches, der zum Ziel führen soll. Ein starker Wunsch lenkt die Konzentration gebündelt auf das Ziel, da der Mensch nach Wunscherfüllung strebt. Deshalb sind Wünsche für Schellbach unbewusste Konzentration. Großmann riet seinen Anhängern, vor allem persönlichkeitsgerechte Wünsche zu formulieren, um den Zielerreichungswunsch zu verstärken. Und für Frankl ist es vor allem der einem Wunsch innewohnende Sinn, der die Sehnsucht weckt, diesen Wunsch erfüllen zu wollen. Alle großen Erfolgslehrer sind sich aber darin einig, dass Ziele allein nicht ausreichen, um erfolgreich zu sein. Um zum Ziel zu gelangen, braucht es auch einen Plan.

7. These:
Alleskönner gibt es nicht

Konzentation auf ein Gebiet

Niemand kann auf zehn Hochzeiten tanzen. Um erfolgreich zu sein, muss man zum Könner werden – und das kann nur funktionieren, wenn man sich auf ein Gebiet konzentriert. Vielseitigkeit führt zu Oberflächlichkeit und damit zum Misserfolg. Erfolgreich wird dagegen, wer seine Stärken erkennt, intensiviert und sich ganz und gar auf das konzentriert, was er am besten kann. Wolfgang Mewes hebt in seiner Engpasskonzentrierten Strategie die Bedeutung der Konzentration der Kräfte hervor. Durch die Erfahrungen und Beobachtungen von vielen Tausenden von Anhängern der Philosophie des erfolgreichen Wegs kamen auch wir zu der Erkenntnis, dass die Konzentration auf die eigenen Stärken für den Erfolg wichtiger ist als Intelligenz. Dabei unterscheiden wir zwischen bewusster und unbewusster Konzentration. Bewusste Konzentration ist mühsam und fordert viel Kraft, während unbewusste Konzentration, wie sie durch unsere Methode des mentalen Trainings erlernt wird, keine Energie kostet und nahezu automatisch zum angestrebten Ziel führt. Beweis für diese These: Liebe setzt ein Höchstmaß an unbewusster Konzentration (auf den geliebten Menschen) frei, die jedoch von den Liebenden selbst nicht als anstrengender »Kraftakt« wahrgenommen wird. Werden Sie auf einem Gebiet spitze – Vielseitigkeit führt nie zum Erfolg, gesucht sind die Spezialisten. Werden Sie deshalb zum Könner. Machen Sie sich einen Namen als Experte

8. These:
Sie brauchen gute Lehrer und Vorbilder

Der Mensch braucht positive Impulse, um erfolgreich zu sein. Er braucht Inspiration und Motivation. Für den großen deutschen Philosophen Immanuel Kant ist es eine der herausragendsten Fähigkeiten des Menschen, von anderen zu lernen und sich helfen zu lassen. Gute Lehrer und positive Vorbilder sind unverzichtbar, um große Ziele zu erreichen und Pläne zu verwirklichen. Sich dabei die Unterstützung anderer Menschen zu suchen, ist ein Zeichen von innerer Stärke und Selbstbewusstsein: Wer sogar andere um Hilfe bittet, um sein Ziel zu erreichen, der weiß ganz genau, was er will. Weil jeder Mensch positiven Input braucht, um Orientierung zu finden, sollte man sich auch mit dem Werdegang erfolgreicher Persönlichkeiten beschäftigen, um davon zu lernen (zum Beispiel anhand von Biografien).

Inspiration und Motivation

9. These:
Erfolgreiche machen Sie noch erfolgreicher

Networking Erfolg hat man nur gemeinsam oder gar nicht! Deshalb ist Kontaktfähigkeit wichtiger als Bildung. Einzelkämpfer können keine großen Ziele erreichen. Erfolgreiche dagegen machen auch andere erfolgreich. Ein positives Umfeld ist für jeden erfolgsorientierten Menschen lebenswichtig: Eine Kultur der Ermutigung ist das wirkungsvollste Mittel gegen Ängste, Zweifel, Unsicherheiten und Mutlosigkeit. Warten Sie nicht darauf, dass Ihnen jemand Hilfe anbietet, bitten Sie Menschen, Ihnen zu helfen! Arbeiten Sie deshalb zielgerichtet an der Entfaltung Ihrer Kontaktfähigkeit, zum Beispiel mit Rhetoriktraining. Kontaktfähige Menschen sind zudem auch dankbare Menschen – und Dankbarkeit öffnet alle Türen zu den Herzen der Menschen. Dankbarkeit ist für uns deshalb die schönste aller Erfolgseigenschaften.

10. These:
Rhetorik ist der Schlüssel zur Macht!

Stimmtraining = Persönlichkeitstraining Das erfolgreiche Leben beginnt mit der Fähigkeit, erfolgreich zu sprechen. Die Ausbildung der Stimme und der Fähigkeit zu sprechen ist höchst effektives Persönlichkeitstraining! Wer an seiner Stimme arbeitet, arbeitet am Kern seiner Persönlichkeit. Worte sind mächtig. Sie beeinflussen uns selbst und andere. Alle erfolgreichen Menschen waren große Redner. Wer gut reden kann, gilt als Mensch, der andere begeistern kann, und wird immer vorgeschickt. Deshalb ist Rhetorik der Schlüssel zur Macht – zur Macht der Überzeugung. In unserem Rhetorikseminar lernen die Teilnehmer, die Wirksamkeit ihrer Argumente zu erhöhen sowie ihre Kontaktfähigkeit zu steigern. Das ist die Voraussetzung für einen überzeugenden, begeisternden Umgang mit anderen Menschen.

Diese zehn Thesen für ein erfolgreiches Leben machen deutlich, dass Persönlichkeitsentfaltung zum einen möglich, zum anderen für die Weiterentwicklung des Menschen unverzichtbar ist. Ziel jeder Persönlichkeitsentfaltung ist der erfolgreiche Mensch. Erfolgreich ist

- der Mensch, der Probleme löst,
- der Mensch, der Nutzen bringt und
- der Mensch, der sein Leben selbst bestimmt und gestaltet.

Fünf Wege zur Optimierung Ihrer Persönlichkeit

Es gibt viele Wege, seine Persönlichkeit zu entwickeln und zu optimieren. Ich kann Ihnen die folgenden Wege empfehlen, die Sie alle im Rahmen unserer Erfolgsphilosophie erlernen und trainieren können:

1. Der Weg über die Stimme

Auf eine klare, kräftige und wohlklingende Stimme hört man. Mit Worten können wir lügen, mit unserer Stimme nicht! Unsere Stimme ist Ausdruck unserer Persönlichkeit. Der Klang unserer Stimme verrät, ob wir uns gut fühlen oder ob es uns schlecht geht, ob wir gelassen und ausgeglichen sind oder voller Ängste, ob wir dynamisch oder phlegmatisch sind. Wer an seiner Stimme arbeitet, arbeitet am Kern seiner Persönlichkeit. Und wer seine Stimme verändert, verändert die Grundstruktur seiner Persönlichkeit. In unseren Rhetorik-Seminaren trainieren wir deshalb die Ausstrahlung und Wirkung der Stimme und eine klare und deutliche Aussprache.

Ausdruck der Persönlichkeit

2. Der Weg über das psychogene Atemtraining

Das psychogene Atemtraining, das wir in all unseren Seminaren lehren und praktizieren, führt zur Steigerung der Vita-

Steigerung der Vitalität

lität und zur Harmonisierung der gesamten Persönlichkeit. Sie werden ruhig und ausgeglichen, Ihre Nerven werden immer besser, Ihre Belastbarkeit steigt. Ziel dieses Trainings ist die Entfaltung der vollen Stimme – der Stimme als Erfolgsfaktor.

3. Der Weg über Spiegelmagie und Autosuggestion

Das Unterbewusstsein nutzen

Gedanken entwickeln sich im Unterbewusstsein – aus dem Menschen selbst oder durch äußere Einflüsse. Selbstbeeinflussung schützt vor Fremdbeeinflussung. Gedanken sind Kräfte – das Unterbewusstsein ist ausführendes Organ, das die Gedanken in die Realität umsetzt. Der Mensch ist das beeinflussbarste Lebewesen. Mithilfe von wirksamen Techniken wie Spiegelmagie und Autosuggestion (Selbstbeeinflussung vor dem Spiegel), wie wir sie in all unseren Seminaren trainieren, können wir die Macht des Unterbewusstseins zielgerichtet nutzen, um uns von schlechten Gewohnheiten zu befreien und die Persönlichkeit zu werden, die wir in Wirklichkeit sind. Die Vorteile der Spiegel-Suggestion:

- Bewusstmachung des eigenen Willens
- Aktivierung der Nerven- und Willenskraft
- Verbesserung der Konzentration
- Verbesserung der Artikulation
- Neuprogrammierung des Unterbewusstseins
- Entfaltung der suggestiven Kräfte und der charismatischen Begabung

4. Der Weg über Redetraining als Persönlichkeitstraining

Sprechen, um zu überzeugen

Wer sprechen kann, wird vorgeschickt, wird zum Sprecher für andere. Was den Menschen zum Menschen macht, ist die Sprache, denn wer sprechen kann, kann sich durchsetzen, kann andere überzeugen, kann sich – wenn nötig – auch verteidigen. Ohne Rhetorik – die Kunst des Redens – ist Erfolg nicht möglich. Rhetorik ist die Lehre von der Wirkung des Menschen. Wer seine rhetorischen Fähigkeiten trainiert, arbeitet daran, sein Leben erfolgreicher und erfüllter zu machen. Mit Rhetorik arbeite ich an meiner Persönlichkeit. Unser Rhetorik-Training, das wir seit mehr als 40 Jahren praktizieren und ständig weiterentwickeln, vermittelt erfolgreich die grundlegenden Fähigkeiten zur Entfaltung der Rede- und Überzeugungskunst. Dahinter steht die Erkenntnis: Gegen Worte kann man sich wehren, gegen Ausstrahlung nicht.

5. Der Weg über mentales Training

Jeder kann aus seinem Unterbewusstsein schöpfen. Das Zauberwort heißt Alpha-Zustand. Denn wenn der Mensch sich in diesem Zustand tiefster Entspannung befindet, werden die Grenzen zwischen den einzelnen Bewusstseinsstufen durchlässig. Im Alpha-Zustand wird das Unterbewusstsein mit positiven Informationen gefüttert. Durch Entspannung und Wiederholung wird das Positive tief im Unterbewusstsein gespeichert und dann aktiviert, wenn Sie es benötigen – etwa um eine Höchstleistung zu erzielen oder Ihre Persönlichkeit vor Angriffen zu schützen. In unserem mentalen Training lernen und trainieren Sie, in den Alpha-Zustand zu gelangen und Ihr inneres »Navigationssystem« gezielt auf Erfolg zu programmieren.

Im Alpha-Zustand Erfolg programmieren

Ganz gleich, für welchen dieser fünf Wege Sie sich (zuerst) entscheiden: Unser Erfolgssystem bietet Ihnen die Möglichkeit, jeden Weg erfolgreich zu erlernen, zu trainieren und in der Praxis anzuwenden. Sie können jeden dieser Erfolgswege mit einem unserer wirkungsvollen Tools praktizieren, sei es, indem Sie eines unserer Seminare besuchen (zum Einstieg in unser System sehr zu empfehlen) oder sich die ersten Techniken über eines unserer Lehrbücher oder CD-Trainings aneignen. Mehr Informationen dazu finden Sie auf unserer Homepage unter www.enkelmann.de.

Wichtig ist: Wenn Sie heute noch damit beginnen, an der Entfaltung Ihrer Persönlichkeit zu arbeiten, leiten Sie einen gezielten Wachstumsprozess ein, der Sie von der Person, die Sie heute sind, zu einer außergewöhnlichen Persönlichkeit werden lässt! Das garantiere ich Ihnen!

Die Macht der Suggestion: Nutzen Sie Ihre Ressourcen!

Wir alle verfügen dank unseres Gehirns über großartige Möglichkeiten. Doch der durchschnittliche Mensch nutzt lediglich zehn Prozent seines Potenzials. Zu wenig, finden wir. Unser Ziel ist es, unsere brachliegenden Reserven in uns zu aktivieren und die Persönlichkeit zu werden, die wir in Wirklichkeit sind. Doch wer sind wir wirklich? Was steckt in uns und wie holen wir es hervor? Die Suggestion ist die wirksamste Methode, um die Reserven in unserem Inneren zu aktivieren und zu nutzen. Mit diesem mächtigen Werkzeug zur direkten und indirekten Beeinflussung des menschlichen Verhaltens werden Veränderungen möglich, die durch eine bewusste Willensanstrengung fast nie zu erreichen sind.

Was aber sind Suggestionen?

Veränderungs-prozesse in Gang setzen Bei Suggestionen handelt es sich um Gedanken oder Vorstellungen – um mehr nicht! Aber sie wirken wie Saatkörner: Sind diese Gedankenkeimlinge erst einmal in unserem Gehirn »eingepflanzt«, wachsen sie, sofern man sie pflegt. Die Pflege der Suggestion besteht in Wiederholung und Beachtung. Wenn man Suggestionen also immer wieder »hervorholt«, indem man seine Aufmerksamkeit auf sie richtet, können sie sich entfalten und großartige Prozesse in Gang setzen.

Eine *Suggestion*

- ist immer eine Prophezeiung,
- nie ein Beweis,
- ist ein Psychoserum, das genauso wirksam sein kann wie ein Medikament,
- ist ein Gedankenkeimling, der durch Wiederholung wächst,
- wendet sich immer an das Unterbewusstsein,
- wendet sich an die Vorstellungskraft, an das Gefühl.

Wenn Sie die folgenden Gesetze der Suggestion anwenden, werden Sie schon nach kurzer Zeit eine erstaunliche Veränderung Ihrer Wirkung auf andere beobachten können. Sie werden von Ihrer Umgebung als Persönlichkeit mit einer starken, selbstbewussten, positiven Ausstrahlung wahrgenommen, der man vertrauen kann.

Die persönliche Ausstrahlung stärken

Einige *Gesetze der Suggestion*:

- **Ein König muss aussehen wie ein König**
  Die Menschen verlassen sich auf ihren ersten Eindruck. Ein starker Auftritt, selbstbewusstes Verhalten und ein strahlendes Aussehen erzeugen Vertrauen.

- **Ihr Name ist eine Suggestion**
  Ihr Name ist ein Versprechen! Ein guter Name erzeugt Vertrauen und Autorität. Je bekannter Ihr Name, desto größer das Vertrauen.

- **Andere Menschen machen uns erfolgreich**
  Der isolierte Mensch gelangt niemals zum Erfolg. Sympathie entsteht durch betonte Zustimmung, Ähnlichkeit und Gemeinsamkeiten.

- **Das ganze Leben ist ein Prozess gegenseitiger Beeinflussung**
  Wir beeinflussen andere Menschen in jedem Augenblick – und zwar primär durch unsere Körpersprache,
  unsere Augen und unsere Stimme.

- **Zu seinem Vorteil lässt sich jeder gern beeinflussen**
  Jeder Mensch interessiert sich für seinen eigenen
  Vorteil. Gute Verkäufer zeigen ihren Kunden immer
  den Nutzen eines Produkts / einer Leistung auf, kluge
  Ärzte nutzen den Placebo-Effekt zum Vorteil des
  Patienten.

- **Gefühle sind immer ansteckend**
  Alles, was wir ausstrahlen, kommt auch zurück. Ich
  kann in anderen nur das zum Schwingen bringen, was
  in mir selbst schwingt.

- **Der suggestive Einfluss wendet sich an die Vorstellungskraft,
  an das Gefühl**
  Jede wirksame Botschaft geht vom Herzen aus und
  wendet sich an das Herz. Wer diskutiert, verliert.
  Sprechen Sie deshalb die »Sprache des Herzens«!

- **Konzentration erzeugt Faszination**
  Je größer Ihre Konzentrationskraft, desto faszinieren-
  der ist Ihre Anziehungskraft. Sie müssen Aufmerksamkeit erzeugen und erhalten. Durch den bewussten
  Einsatz Ihrer Augen können Sie Ihre Suggestivkraft
  um 25 Prozent steigern.

- **Eine Frage ist eine intensive Suggestion**
  Fragen öffnen das Unterbewusstsein und lenken
  die Gedanken des Gefragten in die gewünschte
  Richtung.

- **Dank ist eine positive Suggestion**
  Dankbarkeit macht unvergesslich. Erst die Dankbarkeit zeigt wahre Größe und macht unsere Mitmenschen zu »Wiederholungstätern«.

Suggestivtraining: Erfolgreicher durch die Neuprogrammierung des Unterbewusstseins

Wenn wir unsere großartigen Fähigkeiten und Talente aktivieren, wachsen wir in unserer Persönlichkeit, werden von Tag zu Tag selbstbewusster und befreien uns mehr und mehr von Ängsten, Hemmungen, Zweifeln, Mutlosigkeit und Depression. Wir geben dem Stress keine Chance, uns die Lebensenergie, die Kraft und den Mut zu rauben. Nur wer seine inneren Kräfte stärkt, kann auch die äußere Welt meistern.

Wir können die Vergangenheit nicht ändern – doch wir können die Programmierung für unsere Zukunft ändern. Täglich empfängt unser Unterbewusstsein neue Botschaften – und meistens handelt es sich dabei um negative Suggestionen: »Du kannst das nicht«, »Das ist zu viel«, »Das ist nicht zu schaffen«, »Dafür ist keine Zeit« … Wenn Ihr Unterbewusstsein in der Lage ist, all diese negativen Informationen und Suggestionen aufzunehmen, dann ist es auch in der Lage, sie durch neue, positive Impulse zu ersetzen. Jeder Mensch kann die Kunst erlernen, sein Unterbewusstsein positiv zu beeinflussen – jeder ist selbst der Meister seines Lebenswegs. Sie bestimmen selbst, ob Ihr Weg in eine positive, erfolgreiche Zukunft führt – oder hin zu Erschöpfung, Burnout-Syndrom, Angstneurosen und Krankheit.

Die Zukunft positiv programmieren

Im Zustand der Entspannung ist es am leichtesten, Blockaden in uns zu neutralisieren und neue, positive Antriebe für die Zukunft zu programmieren und zu verstärken. Wenn negative Informationen uns zerstören können, dann können uns positive Informationen aufbauen und uns Kraft und Energie geben. Aber: Wir beseitigen negative Blockaden in uns nicht, indem wir morgens aufstehen und zu uns selbst einfach sagen: »Ab heute denke ich nur noch positiv.« Positives Denken allein – und darin unterscheidet sich unsere Methode von vielen anderen auf dem Markt – bringt gar nichts, wenn nicht eine Verhaltensänderung damit einhergeht!

Im Alpha-Zustand das Unterbewusstsein formen

Was wir brauchen, sind Zeit und Muße, damit wir uns auf das Wesentliche besinnen, unsere Ziele erkennen, über unsere Zukunft nachdenken und diese erfolgreiche Zukunft neu planen und organisieren können. Diese Muße finden wir in der Entspannung, in »Alpha«. Im Alpha-Zustand ist unser Unterbewusstsein formbar wie Wachs. Suggestionen erreichen jetzt mühelos die tiefsten Schichten unseres Gehirns. Die positiven Suggestionen des mentalen Trainings sind ein äußerst wirksamer Weg zur Neuprogrammierung unseres Unterbewusstseins.

Die Erkenntnisse um die Funktionsweise des menschlichen Unterbewusstseins haben wir in der Psychologie des erfolgreichen Wegs genutzt, um unser äußerst wirksames und in mehr als 40 Jahren erfolgreich in der Praxis erprobtes Suggestivtrainingsprogramm zu entwickeln. Das Besondere und Einzigartige an unserem Trainingsprogramm ist – und dadurch unterscheiden wir uns maßgeblich von allen anderen Erfolgstrainern in Deutschland: Ich selbst bespreche mit der suggestiven Kraft meiner Stimme das Unterbewusstsein der Trainierenden mit neuen positiven Inhalten und ermögliche so die Befreiung von negativen Gewohnheiten durch eine systematische Neuprogrammierung auf äußerst effektive Art in kürzester Zeit. Inzwischen bieten wir in unserem Institut mehr als 25 wirksame Audio-Trainings an, die sämtliche schöpferischen Kräfte im menschlichen Unterbewusstsein aktivieren und jeden Anwender erfolgreicher machen.

Die Heilkraft der Suggestion: der Placebo-Effekt

Hinter unserem Suggestivtrainingsprogramm stehen die mittlerweile auch wissenschaftlich erwiesenen und anerkannten Erkenntnisse um die Macht der Suggestion, die bereits der französische Apotheker Émile Coué im 19. Jahrhundert erkannt und genutzt hatte: Jahrelang hatte Coué einem von Schmerzen gepeinigten Patienten die ärztlich verordneten Medikamente ausgehändigt. Doch die Schmerzen blieben. Der verzweifelte Patient bat schließlich den Apotheker seines Vertrauens um Hilfe. Coué mischte aus verschiedenen, zufällig ausgesuchten, in der Regel ziemlich wirkungslosen Substanzen ein Pulver zusammen und überreichte dem Patienten das scheinbare Wundermittel mit den Worten: »Damit geht es Ihnen von Tag zu Tag und in jeder Hinsicht immer besser und besser.« Damit war das Prinzip der bewussten Suggestion – der sogenannte Placebo-Effekt – in der Medizin erfunden. Der Effekt war beeindruckend. Der Patient war fortan von seinen Schmerzen befreit und lobte seinen Apotheker über alle Maßen. Coués Ruf sprach sich schnell herum – er wurde ein berühmter Mann. Was niemand seiner Patienten ahnte: Nicht die Medizin, die er verabreichte, hatte die heilende Wirkung, sondern die Macht seiner suggestiv gesprochenen Worte: »Es geht Ihnen von Tag zu Tag und in jeder Hinsicht immer besser und besser.« Oder »Dies ist eine äußerst wirksame Arznei, die Ihnen schnell helfen wird.« Das Vertrauen in den Apotheker und die Zuversicht, dass die verabreichten Medikamente auch wirklich helfen würden, heilte die Patienten von Schmerzen und Krankheiten.

Émile Coué: Heilen mit Worten

Die Erkenntnis, dass bewusst und zielgerichtet angewendete Suggestion wirksamer sein kann als jedes Medikament, gehört schon seit vielen Jahrhunderten zum Wissensschatz der Menschheit. Der Philosoph Seneca lehrte bereits im Jahr 60 n. Chr.: »Hüte dich, deine Leiden selbst zu verschlimmern und deine Lage durch Klagen und Jammern zu verschlechtern. Ein Schmerz ist leicht, solange du ihn in deiner Einbil-

An die Wirkung glauben

dung nicht hoch bewertest!« Untersuchungen und Langzeit-Studien, die in den letzten Jahren über den Placebo-Effekt veröffentlicht wurden, kamen zu einem erstaunlichen Ergebnis: Hoch wirksame Medikamente nützen wenig, wenn der Patient nicht an seine Heilung glaubt, objektiv wirkungslose Pillen und Pulver dagegen können helfen, lindern und sogar heilen, wenn der Patient von der Wirksamkeit überzeugt ist und großes Vertrauen zu seinem Arzt oder Apotheker hat. Coué war nicht der erste medizinisch bewanderte Mensch, der erkannt hat, dass der Geist mächtiger sein kann als das Wissen um wirksame Inhaltsstoffe in Medikamenten. Aber er war mit Sicherheit einer der Ersten, der diese Erkenntnis zum Wohl seiner Patienten genutzt hatte.

Der Körper kann nicht gesunden, wenn die Seele sich sträubt

Auch Viktor E. Frankl war zu der Erkenntnis gelangt: »Die Immunlage des Menschen wird maßgeblich von seiner Affektlage bestimmt.« Die Abwehrkraft des Körpers hängt demnach von der inneren Einstellung des Patienten ab. Damit machte Frankl deutlich, dass die meisten Krankheiten in der Seelenlage des Menschen begründet sind. Und darüber hinaus kann der Körper nicht gesund werden, wenn die Seele sich sträubt. Das erklärt, warum viele – vor allem schulmedizinisch-naturwissenschaftlich begründete – Behandlungsansätze oft an die Grenzen stoßen und nicht die angestrebten Erfolge erzielen, während andere Methoden, die auf der Aktivierung der Selbstheilungskräfte aufgebaut sind, häufig erstaunliche Erfolge zeigen. Immer mehr Schulmediziner entdecken die Macht der Suggestion und nutzen sie zur Aktivierung des »inneren Arztes«, etwa in Form von Hypnose.

Bei der medizinisch angewandten Suggestion werden zuerst die Vorstellungskräfte des Patienten aktiviert und verstärkt, indem zum Beispiel in Tiefenentspannung (Alpha-)Visionen von einem erfolgreichen Heilungsprozess suggeriert werden. Der Patient stellt sich dabei in der letzten Phase bildhaft vor, gesund und schmerzfrei zu sein. Im Lauf der Behandlung gestaltet der Patient seine Heilung, von der er bereits ein deutliches, positives Bild hat, selbst aktiv mit. Die schöpferischen Kräfte des Unterbewusstseins unterstützen ihn dabei nachhaltig.

Als »unsere besten und treuesten Diener« hatte Coué die inneren Kräfte des Menschen bezeichnet. Er wusste durch seine Erfahrungen, dass man Krankheiten verstärken und Verläufe verschlimmern kann, wenn man dem Patienten den Glauben an seine Genesung nimmt, aber auch, dass man sie heilen kann, wenn das Denken des Patienten in eine positive Richtung gelenkt wird. Viktor E. Frankl therapierte Schlafstörungen mit der scheinbar herzlosen Aufforderung an seine Patienten, sie sollten sich das Schlafen verbieten und sich besser etwas anderes vornehmen. Mit dem Ergebnis, dass die Menschen sich an einem bestimmten Punkt nicht mehr gegen das Schlafbedürfnis wehren konnten und einfach einschliefen.

Die inneren Kräfte helfen heilen

Der Grund: Wer sich mit seiner Schlaflosigkeit nicht mehr ständig beschäftigt, vergisst irgendwann, dass er nicht schlafen kann. Diese Beobachtung findet auch in unserem 11. Grundgesetz der Lebensentfaltung ihren Niederschlag: »Nichtbeachtung bringt Befreiung.« Coué sagte über das Phänomen: »Lässt man den befehlenden Willen wie einen unumschränkten Herrscher auf das Unbewusste wirken, sträubt sich das Unbewusste. Es führt nicht nur den Befehl nicht aus, sondern tut genau das Gegenteil.« Diese Erkenntnis lässt sich häufig an Krebspatienten beobachten: So verlieren Kranke, die sich mit ihrer geballten Willenskraft der Krankheit entgegenstellen, oft den Kampf, während Patienten, die mit innerer Gelassenheit und einer positiven Einstellung zum Leben die Krankheit annehmen und sich auf die Möglichkeiten der Heilung konzentrieren, erfahrungsgemäß eine höhere Überlebenschance haben.

Was man erzwingen will, erzeugt unbewusste Gegenreaktionen. Menschen mit Phobien sind das beste Beispiel für diese These. Je mehr sich ein Mensch, der panische Angst vor Spinnen oder Aufzügen hat, selbst befiehlt, keine Angst mehr zu haben, desto schlimmer äußert sich die Phobie. Viktor E. Frankl hatte einmal einem unter Agoraphobie (Angst vor großen Plätzen) leidenden Patienten empfohlen, auf einen großen, belebten Platz zu gehen und sich dabei vorzunehmen, schreiend zusammenzubrechen und ohnmächtig zu werden. Der Mann ging auf den Platz, doch sein Unterbewusstsein weigerte sich, den negativen Befehl auszuführen, sondern entschied sich für die klassische Gegenreaktion auf unsinnige Befehle – der Mann vergaß seine Angst.

Dieses Beispiel macht vielleicht deutlich, dass das Unterbewusstsein neu programmiert werden muss, wenn man sich von Zwängen und negativen Gewohnheiten befreien möchte. Das Gute daran: Das Unterbewusstsein kann umprogrammiert werden – zum Beispiel mithilfe unserer Audio-Suggestivtrainings. Coué nannte diesen Weg der bewussten Suggestion das »Gesetz der Gedankenverwirklichung«, das er wie folgt erklärte: »Jeder Gedanke, der uns erfüllt, drängt mit aller Macht auf seine Verwirklichung – soweit diese überhaupt im Rahmen des Naturgesetzlichen möglich ist. Wie das Wasser den Weg zum Meer findet, so finden die Gedanken, die uns erfüllen, den Weg zu ihrer Verwirklichung.« Im 4. Grundgesetz der Lebensentfaltung liest sich dieses Prinzip so: »Das Unterbewusstsein, die Baustelle des Lebens und der Arbeitsraum der Seele, hat die Tendenz, jeden Gedanken zu realisieren.«

Die Vorstellung des Menschen lässt sich zielgerichtet und systematisch lenken. Das ist das Gesetz der Suggestion, das wir in unseren Suggestivtraining-CDs äußerst wirksam umsetzen. »Vorstellungskraft schafft Willenskraft«, erklärte Graf Keyserling die Wirkung von Suggestionen. Ziel von Suggestionen muss es deshalb immer sein, eine negative Haltung suggestiv durch eine positive zu ersetzen. Schlechte Gewohnheiten lassen sich nicht »wegbefehlen«, sondern nur durch neue, durch bessere Gewohnheiten ersetzen. Dazu muss das Unterbewusstsein neu programmiert werden – damit Sie mit der Kraft Ihres Unterbewusstseins noch erfolgreicher werden!

Der Weg in die Zukunft: Die Erfolgsformel

Erfolg ist die Fähigkeit, Probleme zu lösen. Nichts braucht die Welt so sehr wie Menschen, die fähig und willens sind, die vielen Herausforderungen zu bewältigen und die unzähligen großen und kleinen Probleme auf unserem Planeten zu lösen. Dabei haben alle Menschen Probleme – die einen mehr, die anderen weniger, aber alle stehen wir im Laufe unseres Lebens immer wieder vor der Aufgabe, unterschiedliche Probleme lösen zu müssen. Probleme weisen uns den Weg, denn jedes gelöste Problem ist ein Erfolg. Und jeder Erfolg setzt Kräfte und Energien frei, die unsere Problemlösungskompetenz noch ausbauen.

Die Frage, die sich jeder Mensch stellen sollte, darf deshalb nicht lauten: »*Was kann ich tun, um Probleme zu vermeiden?*«, sondern vielmehr: »*Welche Probleme kann ich am besten lösen?*«

Sind Sie ein Mensch, der Probleme löst oder Probleme macht? Sie sollten das Ziel haben, ein Problemlöser zu werden. Nur Menschen, die Probleme lösen, sind erfolgreich. Erfolge sind überwundene Widerstände. Widerstände in Form von Rückschlägen, Misserfolgen, Hürden und Hindernissen lauern im Leben immer und überall. Doch Erfolg ist eine Frage der Vorbereitung auf Widerstände. 80 Prozent des Erfolgs basieren auf Vorbereitung. Wenn ich auf Widerstände vorbereitet bin, können sie mich auch nicht von meinem Weg abbringen

Erfolg ist eine Frage der Vorbereitung auf Widerstände

oder mir Angst machen. Unser Schicksal wird auf der einen Seite von unseren Wünschen, auf der anderen Seite von unseren Befürchtungen und Ängsten bestimmt. Für unseren Weg in die Zukunft ist es von großer Bedeutung, dass wir uns nicht von Befürchtungen und Ängsten leiten lassen, sondern von unseren Wünschen. Dabei ist es wichtig, uns auch von negativen Programmierungen unserer Vergangenheit zu befreien. Schuldgefühle, Ablehnung und Angst sind keine guten Berater bei der Gestaltung unserer Zukunft. Unsere bewährte und tausendfach erfolgreich umgesetzte Erfolgsformel kann dabei der Schlüssel werden, der die Tür zur Zukunft öffnet. Sie lautet:

$$\frac{Z + K + t}{Wi + Wa} = E$$

In eine verständliche »Übersetzung« gebracht, lautet diese Formel:

$$\frac{\text{Zielklarheit} + \text{Kraft} + \text{Zeit}}{\text{Innere Widerstände} + \text{Äußere Widerstände}} = \text{Erfolg}$$

Die Bedeutung der Erfolgsformel-Komponenten im Detail:

Zielklarheit (Z): »Ich weiß, was ich will!«

Wünsche erkennen
Am Anfang jeden Erfolgs steht die Idee. Ziel ist die Verwirklichung dieser Idee in der Zukunft. Ausgangspunkt für jede Entwicklung ist Zielklarheit, die auf der Grundlage unserer unbewussten Wünsche und Träume entsteht. Über das bewusste Erkennen unserer Wünsche können wir uns selbst

verstehen lernen und schließlich Ziele entwickeln, die zu unserer Persönlichkeit passen. Der selbstbewusste und freie Mensch entwickelt aus seinen Wünschen realistische Ziele. Darin unterscheidet er sich vom wirklichkeitsfremden Träumer.

Kraft (K): »Ich weiß, was ich kann!«

Das Gesetz der Thermodynamik besagt: »Ohne Kraft gibt es keine Bewegung.« Kraft ist Energie, gleich welcher Art. Wer etwas verändern oder bewegen möchte, braucht dazu Kraft. Unser Körper ist die Kraftquelle. Energie ist aber auch ein Vorrat an Kraft, die gebraucht wird, um Rückschläge und unerwartete Widerstände zu überwinden. Wer über mehr Kraftreserven verfügt, als er unbedingt braucht, strahlt die Sicherheit eines Menschen aus, der weiß, dass er immer genügend Energie zur Verfügung hat, auch wenn einmal etwas Unvorhergesehenes dazwischenkommt. Er ist sich stets dessen bewusst, dass er Leistung abrufen kann, wenn es erforderlich ist. Dieses Selbstvertrauen ist wichtig, damit er seine Ziele erreichen kann.

Der Körper als Kraftquelle

Zeit (t): »Ich weiß, dass der Sieg erst am Ziel feststeht, und nähere mich diesem Ziel systematisch.«

Zeit spielt eine wichtige Rolle. Jeder Erfolg benötigt Zeit. Ein Pfirsichbaum braucht Jahre, bis er die ersten Pfirsiche trägt. Nur ein Erfolgsneurotiker erwartet von einem frisch gepflanzten Baum gleich im ersten Jahr Früchte. Wer sich Zeit gibt, verfügt über die Souveränität, sich seinem Ziel Schritt für Schritt zu nähern. Misserfolge sind oft das Ergebnis von vorschnellem, unüberlegtem, hektischem Handeln. Erfolg heißt deshalb auch, mit seiner Zeit überlegt und überlegen umzugehen. Zeit ist ein Faktor, den wir einkalkulieren sollten, wenn wir uns einem Ziel Schritt für Schritt nähern. Wer nur den schnellen Erfolg sucht, begeht viele Fehler und erreicht oft sein Ziel überhaupt nicht. Wenn sich die Fehler häufen, lassen sie sich auch nicht mehr korrigieren, denn der

Zeit überlegt einteilen

gehetzte Erfolgssucher übersieht sie allzu oft oder verpasst den richtigen Zeitpunkt, um noch eingreifen zu können. Wer überlegt und schrittweise vorgeht, kann Fehler dagegen meist noch rechtzeitig erkennen und korrigieren.

Unterhalb des Bruchstrichs der Erfolgsformel stehen die hemmenden Faktoren, die dem Erfolg im Weg stehen können und deshalb weitgehend unter Kontrolle gehalten werden sollten, um ihren Einfluss so gering wie möglich zu halten. Es handelt sich um die inneren und äußeren Widerstände (Wi und Wa).

Widerstände (W) überwinden: »Ich weiß, dass ich kann, was ich will!«

Innere Widerstände auflösen

Die inneren Widerstände – zum Beispiel Pessimismus, Bedenken, Zweifel, Unsicherheiten – engen die Energie des Menschen erheblich ein. Energie, die er eigentlich braucht, um die äußeren Widerstände, die seinem Erfolg im Wege stehen, zu überwinden. Äußere Widerstände können beispielsweise Vertragsprobleme sein, Zahlungsengpässe, Rechtsstreitigkeiten sowie alles, was von außen kommt und auf das der Mensch nur wenig oder gar keinen Einfluss hat. Wer den größten Teil seiner Kräfte und Energien für den Kampf gegen seine inneren Widerstände verbraucht, braucht sich nicht zu wundern, wenn er keine Energiereserven mehr für den manchmal notwendigen Kampf gegen äußere Widerstände oder die Beseitigung von Hindernissen mehr zur Verfügung hat.

Halten Sie deshalb in einer ausführlichen Selbstanalyse – am besten schriftlich – fest, wo Ihre inneren Widerstände liegen. Notieren Sie, wodurch Sie sich selbst blockieren und was Sie tun könnten, um Ihre erfolgshemmenden Eigenschaften, Denkweisen und Charakterzüge zu überwinden. Wenn Sie beispielsweise Hemmungen im Umgang mit anderen Menschen haben, können Sie über die fünf Wege zur Optimierung Ihrer Persönlichkeit (siehe Kapitel »Erfolg beginnt im

Kopf« auf Seite 114) mithilfe von zielgerichteten Spiegel-Autosuggestionen oder auch mit der systematischen Arbeit an Ihrer Stimme Ihre Hemmungen abbauen und Ihre Kontaktschwierigkeiten überwinden. Der ständige Kampf gegen innere Widerstände schwächt auf Dauer die eigene Position. Wer dagegen die Sicherheit erlangt – und auch ausstrahlt –, dass er kann, was er will, braucht sich nicht mehr mit sich selbst und seinen Blockaden zu beschäftigen, sondern kann sich auf die zum Teil unvermeidlichen äußeren Widerstände konzentrieren.

Für die Praxis bedeutet das: Die Erfolgsformel ist immer und überall anwendbar. Mit ihrer Hilfe kann jeder Mensch Ordnung in sein Leben bringen. Bei der Anwendung aktivieren wir bewusste, vor allem aber unbewusste Kräfte unserer Seele. Aus vagen Möglichkeiten werden tatsächliche Chancen. Sie können damit lernen, Ihre inneren Kräfte zu bündeln, einzusetzen und sinnvoll zu gebrauchen. Sie ziehen magisch an, was Sie sich sehnlich wünschen, und erleben (vielleicht zum ersten Mal in Ihrem Leben), dass Glück keine Glückssache ist. Sie erfahren, dass es möglich ist, in der Tiefe der Seele Angst, Pessimismus und Depression zu überwinden. Denn alles, was lebt, strebt nach Wachstum. Auch Sie! Ihr Unterbewusstsein weiß das bereits. Jetzt kommt es nur noch darauf an, dass Sie diese Erkenntnis auch umsetzen. Die Erfolgsformel kann Ihnen dabei helfen – und damit zu Ihrer Schicksalsformel werden.

Die Erfolgsformel ist immer, überall und für jeden anwendbar

Machen Sie sich einen Namen: Der Name als Markenzeichen

Das wichtigste Wort im Leben eines Menschen ist sein Name! Auf kein anderes Wort reagiert der Mensch so instinktiv wie auf seinen Namen. Er ist das erste Wort im Leben jedes Menschen, das Wort, das ihm eine Identität verleiht, das ihn vom Zeitpunkt der Geburt an immer begleiten wird und – am wichtigsten – das ihn ansprechbar macht. Der Name eines Menschen ist die Voraussetzung für jede Art von Kommunikation. Wer sein Gedächtnis verliert und seinen Namen vergisst, verliert seine Identität.

Jeder Mensch hört seinen Namen gern

Hinter jedem Erfolg steht ein Name. Jedes Ereignis der Geschichte ist mit einem (oder mit mehreren) Namen verbunden. Große Menschen haben große Namen. Aber auch wer (noch) keinen Namen hat, der bekannt ist, den man mit einem großartigen Erfolg verknüpfen kann: Jeder Mensch mag es, wenn er mit seinem Namen angesprochen wird. Wir reagieren instinktiv positiv darauf, wenn wir unseren Namen hören. Gute Verkäufer nutzen das, indem sie ihr Namensgedächtnis trainieren, um ihre Kunden mit Namen ansprechen zu können. Menschen mit ihren Namen anzusprechen bedeutet, ihnen Aufmerksamkeit und Anerkennung als Persönlichkeit zu zollen. Der Name spielt aus diesen Gründen eine sehr bedeutende Rolle in der Philosophie des erfolgreichen Wegs. Denn für uns sind Erfolge und Namen nicht voneinander zu trennen.

Einen Namen haben Sie sich gemacht, wenn Sie wertvolle Beiträge geleistet haben, wenn man über Sie spricht. Es sollte deshalb Ihr Ziel sein, dass so viele Menschen wie möglich Ihren Namen kennen. Dazu bedarf es einer Strategie. Deshalb müssen Sie sich darüber klar werden, was Sie repräsentieren wollen, was Ihre Mitmenschen denken sollen, wenn Sie Ihren Namen hören. Überlegen Sie:

- Wofür möchten Sie einstehen und für wen wollen Sie Vorbild sein?
- Welche Erfolge sind bereits mit Ihrem Namen verbunden?
- Wie möchten Sie von anderen Menschen gesehen werden?
- Entspricht dieses Bild auch Ihrer Persönlichkeit, Ihren Werten und Ihrer eigenen Vorstellung von sich selbst?

Der Erfolg, den Sie anstreben, wird immer mit Ihrem Namen verbunden sein. Sie – oder Ihr Name – sollte für Ihre großen Ziele stehen, die Sie haben. Ohne Name kein Erfolg! Wenn Sie sich jedoch einen Namen gemacht haben, dann öffnen sich ganz automatisch überall Türen für Sie! Einen Namen können Sie sich aber nur machen, wenn Sie sich aus der gesichtslosen Masse herausheben, wenn Sie Ihre besonderen Eigenschaften stärken und sich damit profilieren. Ob Produkt oder Mensch – um aus einem Namen eine unverwechselbare »Marke« zu machen, ist strategisches Vorgehen erforderlich. Die Einzigartigkeit und Unverwechselbarkeit müssen herausgearbeitet und publik gemacht werden, sodass sich in den Köpfen der Zielgruppe das gewünschte Bild festsetzt.

Ohne Name kein Erfolg

Machen Sie sich zuerst ein genaues Bild von sich selbst: Wo liegen Ihre Stärken? Denn es geht nicht darum, sich grundlegend zu verändern, sondern das Beste aus sich herauszuholen und die eigenen Stärken richtig einzusetzen. Alles andere wäre unecht, Sie würden Ihre Authentizität und damit auch Ihre Glaubwürdigkeit verlieren. Nicht die Eitelkeit sollte im Vordergrund stehen, sondern Ihre einzigartige Persönlichkeit und eine wertvolle Aufgabe!

Finden Sie als Erstes heraus, wer Sie sind, was Sie können, wofür Ihr Herz schlägt und was Ihnen wichtig ist. Bei dieser Übung kristallisieren sich Ihre besonderen Stärken heraus – die optimale Grundlage, auf der Sie Ihr unverwechselbares

Ihre Stärken als Grundlage Ihres Images

Image aufbauen können! Das Wort »Image« kommt von lateinisch »imago« und bedeutet Abbild oder Bild. Ein Image, also ein Bild, das wir nach außen verkörpern, braucht jeder Erfolgreiche. Imagepflege ist nicht etwa Eitelkeit, sondern ein wichtiges Mittel, um durch die Selbstdarstellung ein Gefühl für den eigenen Wert zu bekommen. Das Bild, das wir von uns selbst haben, ist auch abhängig von der Aufmerksamkeit und der Wertschätzung anderer. Jeder Mensch möchte geschätzt und beachtet werden, sonst verkümmert er. Deshalb sind Erfolgserlebnisse so wichtig, denn so bekommen wir einen Teil der Wertschätzung, nach der wir uns sehnen.

Vertrauen erwerben durch Glaubwürdigkeit

Mit unserem Image ziehen wir die Aufmerksamkeit auf uns. Und es liegt an uns, welche Art von Image wir aufbauen. Ein Image ist ein Markenzeichen. Unser Ziel sollte es sein, zu einer Marke zu werden, der man vertraut. Vertrauen schenkt man nur einem Produkt oder einem Menschen, dem man traut. Dieses Vertrauen erwirbt man durch Glaubwürdigkeit – das Beste, was mit Ihrem guten Namen verbunden werden kann. Denn Glaubwürdigkeit ist die Basis für Vertrauen.

Um die *Glaubwürdigkeit zu erhöhen*, kommt es auf folgende Merkmale an:

Beständigkeit

Veränderungen in der Persönlichkeit dürfen, ja müssen sogar sein, wenn es um die persönliche Weiterentwicklung, um die Entfaltung individueller Eigenschaften und Stärken geht. Wer sich nicht weiterentwickelt, bleibt stehen – und fällt zurück. Doch wer seine Grundwerte, seine Richtung und seinen Typ ständig verändert, ist stets zerrissen, wirkt unberechenbar. Bleiben Sie Ihrem Ziel treu, denn nur dann wird man Ihnen gerne folgen. Seien Sie dabei eindeutig, alles andere verwirrt.

Zuverlässigkeit

In einer Schachtel, auf der Pralinen abgebildet sind, müssen auch Pralinen enthalten sein. Worte und Taten müssen übereinstimmen. Darauf muss man sich immer verlassen können, denn nur so kann sich Vertrauen entwickeln. Wer Ankündigungen nicht ausführt und Versprechen nicht hält, verliert an Glaubwürdigkeit, gilt schnell als »Mogelpackung«. Zeigen Sie mit Ihren Taten, dass man sich auf Sie verlassen kann. Bieten Sie Qualität!

Unverwechselbarkeit

Betonen Sie immer wieder Ihre einzigartigen Merkmale, den besonderen Nutzen, den Sie bieten. Sonst gehen Sie in der Masse unter. Viele Menschen scheuen sich, ihre ganz individuellen Fähigkeiten in den Mittelpunkt zu stellen. Oft fehlt es einfach nur an Selbstbewusstsein. Im Licht zu stehen erfordert jedoch ein stabiles Selbstbewusstsein und innere Stärke. Alles, was Sie brauchen, haben Sie in sich! Vertrauen Sie sich selbst, setzen Sie auf Ihre Einzigartigkeit! Vielleicht fehlt Ihnen nur ein wenig Mut, zu sich zu stehen. Haben Sie jedoch einmal dieses berauschende Gefühl erlebt, als »V.I.P.« wahrgenommen zu werden und im Mittelpunkt zu stehen, dann werden sich Ihre Selbstzweifel schnell auflösen.

Gute Gewohnheiten

Je mehr gute Gewohnheiten Sie haben, desto leichter wird Ihr Leben. Das gilt sowohl für Denk- als auch für Verhaltensgewohnheiten. Vertrauen Sie nicht auf den Zufall, sondern überlegen Sie genau, welche guten Gewohnheiten Sie bereits besitzen und welche Sie sich noch aneignen, antrainieren oder welche Sie optimieren möchten. Natürlich entwickeln sich gute Gewohnheiten nicht über Nacht, sondern es braucht schon etwas Zeit, bis sie die schlechten Gewohnheiten verdrängt und ersetzt haben (am schnellsten und effektivsten mithilfe unserer Methode, beschrieben unter »Erfolg beginnt im Kopf« weiter vorne in Kapitel 4). Wenn Menschen Ihre guten Gewohnheiten wahrnehmen, werden sie Ihnen noch mehr zutrauen und noch mehr vertrauen.

Ihr Ziel sollte es sein, sich einen guten Namen zu machen, sich ein Image zu schaffen, das für Qualität in jeder Hinsicht steht – und so aus Ihrem Namen ein unverwechselbares Markenzeichen zu machen.

Mein Name – mein Kapital

Tipps für einen selbstbewussten Umgang mit Ihrem Namen

Trainieren Sie eine schön geschwungene, dynamische und deutliche Unterschrift
Sie haben bereits eine recht klare Unterschrift? Üben Sie die Unterschrift, damit sie noch kraftvoller und prägnanter wird. Ihre Unterschrift ist kaum lesbar? Schreiben Sie auf ein Blatt Papier so lange Ihren Namen, bis Sie überzeugt sind, dass er in dieser Schrift gut lesbar ist. Sie sind ein Mensch, der nichts zu verbergen hat – das sollte sich auch in Ihrer Unterschrift widerspiegeln.

Sprechen Sie Ihren Namen stets deutlich und verständlich aus
Melden Sie sich am Telefon mit Ihrem Namen – aber so, dass der Gesprächspartner am anderen Ende ihn auch sofort und ohne nachfragen zu müssen versteht. Sie haben einen wertvollen Namen, also sprechen Sie ihn auch aus wie etwas Wertvolles.

Verstärken Sie die selbstbewusste Aussprache Ihres Namens
Hier eine kleine Übung dazu, die Sie zwei bis drei Wochen lang täglich praktizieren sollten: Stellen Sie sich vor einen Spiegel und schauen Sie auf Ihre Nasenwurzel. Sprechen Sie langsam und deutlich Ihren vollständigen Namen (Vor- und Nachnamen) aus. Wiederholen Sie diese Übung zehn Mal.

Nennen Sie zehn Gründe, warum Sie stolz sind auf Ihren Namen

Nehmen Sie ein Blatt Papier oder einen Block zur Hand und schreiben Sie spontan die Gründe auf: Womit haben Sie es geschafft, sich in Ihrem Unternehmen, bei Kunden, Mitarbeitern, Vorgesetzten einen guten Namen zu machen? Womit könnte Ihr Name bei anderen einen guten Klang haben?

Sammeln Sie Ideen, wie Sie sich einen Namen machen

Schreiben Sie alle Ihre Ideen und Gedanken dazu auf, was Sie in den nächsten Wochen und Monaten tun werden, um noch bekannter zu werden und dafür zu sorgen, dass sich Ihr guter Name weiter herumspricht.

Lassen Sie sich von Vorbildern inspirieren

Suchen Sie sich fünf Menschen aus, die sich einen Namen gemacht haben. Welche herausragenden Merkmale und Wesenszüge dieser Personen könnten Ihnen dabei helfen, sich einen Namen zu machen? Notieren Sie die drei für Sie wichtigsten Erfolgs-Attribute und prüfen Sie regelmäßig, inwieweit Sie diese Merkmale an sich »pflegen« und entwickeln.

Das Fundament des Erfolgs: Die 14 Grundgesetze der Lebensentfaltung

Ordnung regiert die Welt, alles lebt aus der Ordnung. Deshalb müssen wir zuerst Ordnung schaffen, wenn wir beschlossen haben, erfolgreicher zu werden, auch im Denken und allen Abteilungen unseres Bewusstseins. Wir müssen uns »sortieren« und strukturieren, uns unsere Wünsche bewusst machen, unsere Ziele formulieren, die Etappen auf dem Weg zum Erfolg abstecken. Dafür brauchen wir einen Plan. Denn Zukunft planen wir heute!

Unsere Zukunft planen wir heute

Unser Erfolgssystem hat den Vorteil, dass es nicht gegen, sondern im Einklang mit den Schöpfungsgesetzen steht. Darum ist für uns »Erfolg« nur ein anderes Wort für »Leben«. Denn alles, was lebt, braucht Erfolg: Jeder Grashalm, jeder Baum, jedes Tier, jedes Baby, jeder Mensch, jeder Mann und jede Frau. Erfolg ist alles, was das Leben unterstützt. Somit ist auch das menschliche Leben kein Chaos, sondern ihm liegen eine Ordnung und ein Sinn zugrunde.

Das Fundament der Erfolgsphilosophie *Die »14 Grundgesetze der Lebensentfaltung« sind das Konzentrat unserer Philosophie des erfolgreichen Wegs.* Sie sind ein sehr wichtiges Hilfsmittel für Ihr Leben, denn Sie erkennen daran sehr schnell, ob Sie mit Ihrer Strategie, Arbeit und Leben zu meistern, richtig liegen. Wie bei einem Haus sind die 14 Grundgesetze das Fundament, auf dem alles fußt und auf das Sie sich verlassen können.

Die 14 Grundgesetze der Lebensentfaltung

1. Nur der Mensch hat die Kraft, bewusst zu denken, zu planen und zu gestalten. Nur er kann sich selbst und damit sein Schicksal und seine Zukunft gezielt beeinflussen.

2. Am Anfang jeder Tat steht die Idee. Nur was gedacht wurde, existiert.

3. Gedanken entwickeln sich im Unterbewusstsein, aus den Menschen selbst oder durch äußere Einflüsse.

4. Das Unterbewusstsein – die Baustelle des Lebens und der Arbeitsraum der Seele – hat die Tendenz, jeden Gedanken zu realisieren.

5. Aus dem kleinsten Gedankenfunken kann ein leuchtendes Feuer werden.

---

6. Wer wachsen soll, braucht Nahrung. Die Nahrung der Gedanken ist die Konzentration.

7. Bewusste oder unbewusste Konzentration ist Verdichtung von Lebensenergie.

8. Im Streit zwischen Gefühl und Intellekt siegt immer das Gefühl.

9. Gefühle lenken und verstärken die Konzentration unbewusst, aber nachdrücklich.

10. Durch gezielte Entscheidung kann die Aufmerksamkeit auf jeden ausgewählten Punkt gelenkt werden.

11. Beachtung bringt Verstärkung. Nichtbeachtung bringt Befreiung.

12. Zustimmung aktiviert Kräfte. Ablehnung vernichtet Lebenskraft.

13. Die ständige Wiederholung einer Idee wird erst zum Glauben, dann zur Überzeugung – auch in negativer Hinsicht.

14. Glaube führt zur Tat. Konzentration führt zum Erfolg. Wiederholung führt zur Meisterschaft.

Was bedeuten die Grundgesetze der Lebensentfaltung?

Um die Welt und das Leben zu verstehen, heißt es, sich zu Grundüberzeugungen zu bekennen. Sind Sie aus Überzeugung Atheist oder glauben Sie, dass dem Universum ein Schöpfungsplan zugrunde liegt? Für ein wirkliches Erfolgssystem ist die Beantwortung dieser Frage von zentraler Bedeutung: Der Glaube an den Zufall erlaubt dem Menschen – im Umgang mit anderen Menschen – ein anderes Verhalten, als wenn man an einen Schöpfer und damit an die Macht des Guten, aber auch an Verantwortung glaubt. Ein Erfolgssystem sollte von ethischen und moralischen Prinzipien ausgehen – ansonsten könnten wir uns ganz dem Machtstreben, dem Lustprinzip oder der Gewinnmaximierung verschreiben. Das Ergebnis wäre der rücksichtslose Egoist.

Ein echtes Erfolgssystem braucht die Anerkennung einer Daseinsgrundlage

Ein echtes Erfolgssystem als System, das sich nicht gegen die Natur und den Menschen wendet, kann nur funktionieren, wenn eine Daseinsgrundlage anerkannt wird. Davon sind wir überzeugt und haben dieses Prinzip in unsere Grundgesetze der Lebensentfaltung einfließen lassen. Für rücksichtslose Egoisten ist unser System daher nicht geeignet. Zu den wichtigsten Grundfragen gehört die Frage nach dem Ursprung und dem Sinn des Universums und des Lebens. Für uns ist die unglaubliche Weite des Universums und die Größe Gottes ein und dasselbe. Alle bedeutenden Religionen haben den Glauben an einen Schöpfer gemeinsam. Wer an die Schöpfung glaubt, erkennt im Menschen den Daseinszweck der Schöpfung.

Wissenschaftler tragen unendlich viele Fakten und Daten über die Erde, die Menschen und die Lebewesen zusammen. Diese Forschungsergebnisse vergrößern noch unser Staunen über die schöpferische Intelligenz, die hinter den Naturgesetzen steht. Insbesondere ist die Achtung vor der kosmischen Intelligenz enorm gewachsen. Auch der große Physiker Albert Einstein war davon überzeugt: »Gott würfelt nicht.« Alles, was geschieht, hat eine Ursache, einen tieferen Sinn. Häufig lässt sich die Ursache nicht erkennen oder wir können uns gewisse Dinge nicht erklären. Das nennen wir dann Zufall. Der Zufall ist jedoch eine logische Wirkung auf eine Ursache, die wir selbst gesetzt haben. Immer mehr Naturgesetze werden entdeckt und selbst in der modernen Chaosforschung scheint man eine Ordnung zu finden.

Warum sind diese Überlegungen von entscheidender Bedeutung? Solange in Ihrem Unterbewusstsein sich gegenseitig widersprechende Überzeugungen leben, kommen Sie innerlich nicht zur Ruhe. Sie verbrauchen einen Großteil Ihrer Energien für Ihren inneren Kampf, was denn nun gültig sei. Sie können sich das wie bei einem Erdbeben vorstellen: Erst wenn das Fundament eines Menschen so gefestigt ist, dass er keine Angst vor einem neuen Erdbeben hat, kann er das Haus seiner Zukunft erbauen. Vielleicht kennen Sie auch Menschen, die heute dies und morgen etwas ganz anderes glauben Sie verfügen zwar über einen großen Wissensschatz, sind auch davon überzeugt, auf alle Fragen des Lebens eine Antwort zu haben – nur an einen tieferen Sinn ihres Lebens können sie nicht glauben. Das ist oft der Grund dafür, dass sie sich auf der rastlosen Suche nach etwas befinden, das ihnen Halt und Orientierung geben könnte. In der Regel vergeblich, denn diese ewig Suchenden sind letztlich nicht in der Lage, einen echten Glauben zu entwickeln. Vielleicht haben Sie schon bemerkt: Auf solche Menschen kann man sich nicht verlassen, auf solche Menschen kann man nicht »bauen«. Sie strahlen keine Zuverlässigkeit, keine Vertrauenswürdigkeit aus. Sie sind und bleiben Suchende. Darum ist zunächst nichts wichtiger, als seine eigene Grundüberzeugung zu festigen.

Innere Ruhe fußt auf einer Grundüberzeugung

Die 14 Grundgesetze der Lebensentfaltung sind die zentralen Glaubensgrundsätze für ein erfolgreiches Leben im Einklang mit den Naturgesetzen und zudem ein überaus hilfreiches Orientierungs-Tool zur Beantwortung der wichtigsten Fragen nach dem tieferen Sinn des Lebens. Auf dem Fundament dieser Gesetze können Sie einen Plan zur erfolgreichen Gestaltung Ihres Lebens entwerfen. Lesen Sie dazu immer wieder die Grundgesetze der Lebensentfaltung durch, lernen Sie sie am besten auswendig und rufen Sie sich diese Prinzipien für ein erfolgreiches Leben immer wieder ins Gedächtnis. Sie wissen, dass alles bereits in Ihnen ist. Jetzt müssen Sie den Schatz in Ihrem Inneren nur noch bergen.

Orientierung auf der Suche nach dem tieferen Sinn des Lebens

Das 14. Grundgesetz der Lebensentfaltung:
Mit Wiederholung zur Meisterschaft

Was unser Erfolgssystem von vielen anderen Methoden unterscheidet, ist die starke Fokussierung auf Wiederholung. Dahinter steht das vielleicht wichtigste unserer Erfolgsgesetze, das 14. Grundgesetz der Lebensentfaltung:

> *»Glaube führt zur Tat. Konzentration führt zum Erfolg. Wiederholung führt zur Meisterschaft.«*

Es gibt die weitverbreitete Meinung, dass es für das persönliche Weiterkommen eines Menschen vor allem wichtig ist, sich immer neues Wissen anzueignen, immer mehr Informationen im Gedächtnis aufzunehmen, immer weiter neue Erkenntnisse und Erfahrungen zu sammeln. Doch viel entscheidender für das Erzielen von Spitzenleistungen ist, dass wir die Informationen, über die wir bereits verfügen, im richtigen Moment abrufen können. Erst durch Wiederholung gelangen wir zur Meisterschaft.

Schaffen Sie hohe Erinnerungswerte

Für die Wirkung des Wiederholens gibt es genaue statische Beweise, die bei Versuchen an amerikanischen Universitäten ermittelt wurden. Dabei wurde der sogenannte »Erinnerungswert« eines gesprochenen Wortes festgestellt und in Zahlen ausgedrückt. Das Ergebnis zeigt die Tabelle auf Seite 151:

Erinnerungswerte	in Prozent
Etwas einmal mit normaler Lautstärke sagen	100
Etwas zweimal sagen	120
Etwas zweimal sagen, wobei zwischen dem ersten und zweiten Mal eine Pause liegt, in der von etwas anderem gesprochen wird	170
Etwas dreimal sagen	210
Etwas viermal sagen	235
Etwas fünfmal sagen	245

Gute Verkäufer nutzen diese Erkenntnisse, indem sie ihren Kunden gegenüber immer wieder die positiven Eigenschaften ihres Produkts oder die Vorzüge ihrer Dienstleistungen hervorheben. Wer sich die Mühe macht, diese Punkte drei- bis viermal zu wiederholen, hat die Chance, einen zweieinhalbmal tieferen Eindruck zu hinterlassen als der Konkurrenzverkäufer, der alles »einfachheitshalber« nur einmal sagt. Hinzu kommt eine weitere Tatsache, der sich viele Verkäufer nicht bewusst sind: Der Kunde hat bereits am nächsten Tag 30 Prozent der Merkmale eines Angebots, das ihm unterbreitet wurde, wieder vergessen. In einer Woche wird er gar 50 Prozent und in einem Monat 70 Prozent aller wunderbaren Vorzüge, die ihm genannt wurden, vergessen haben. Je öfter die Vorteile aber wiederholt werden, desto höher ist die Wahrscheinlichkeit, dass sie im Unterbewusstsein, im Langzeitgedächtnis verankert werden und länger in Erinnerung bleiben.

Hinterlassen Sie einen tieferen Eindruck als die Konkurrenz

Durch Wiederholungen entwickelt jede Argumentation, jede Suggestion eine gewaltige Kraft. Das gilt nicht nur im Verkauf, sondern in allen Bereichen des Lebens, wo es darum geht, ein Meister auf seinem Gebiet zu werden.

Nur Wiederholung verstärkt nachhaltig Willenskraft und Zielklarheit

Um Höchstleistungen zu erbringen, um spitze zu sein und an die Spitze zu kommen, benötigen wir neben einem starken Willen, Kraft, Energie und Konzentration auf ein Ziel vor allem sehr viel *Durchhaltevermögen* und die *Ausdauer*, immer wieder zu trainieren, was uns weiter bringt. Nur damit lassen sich große Ziele erreichen, nur damit wird es uns gelingen, der zerstörerischen Anziehungskraft der Bequemlichkeit unsere Zielklarheit entgegenzusetzen. Um das Durchhaltevermögen zu stärken, gibt es nur einen Weg: Training, Training, Training. Nur durch Wiederholung lässt sich die Willenskraft und Zielklarheit nachhaltig verstärken. Nur durch die ständige Wiederholung des Erlernten lassen sich die Ausdauer und das Durchhaltevermögen auf dem Weg an die Spitze unterstützen und steigern.

Wer behauptet, immer wieder dasselbe zu tun, zu lesen, zu üben, zu hören sei langweilig, ist selbst langweilig. Denn Langeweile entsteht im eigenen Kopf. Ein Sportler, der für die Olympiade trainiert, wird niemals sein Trainingsprogramm abbrechen, weil es langweilig ist. Er weiß, dass es notwendig ist, immer und immer wieder seine bereits vorhandenen Fähigkeiten zu trainieren, um noch besser zu werden, um vor allem besser zu werden als seine Konkurrenten um den Sieg. Erst durch Wiederholung werden Spitzenleistungen möglich.

Die persönliche Schallmauer durchbrechen

An seine Grenzen stößt nur, wer an seine Grenzen glaubt. Wer aber regelmäßig trainiert, macht die Erfahrung, dass er immer besser wird, dass sich jede Fähigkeit noch steigern lässt – und wenn es nur Nuancen sind. Er wird früher oder später zu der Erkenntnis kommen, dass es möglich ist, seine persönliche »Schallmauer« zu durchbrechen, weil sein Potenzial grenzenlos ist. Erfolg ist keine Frage des Glücks, sondern des Willens, des Könnens, der Konzentration und der Ausdauer. Nur Ausdauer und Wiederholung garantieren den Erfolg.

Das mentale Training, die bewusste aktive Autosuggestion, ist die konsequente Methode, die Kräfte und Fähigkeiten seines Unterbewusstseins zu aktivieren und zu nutzen. Durch eine positive Neuprogrammierung des Unterbewusstseins werden negative Programmierungen auf Dauer ersetzt. Und durch die ständige Wiederholung erhalten wir Zugang zu den tief in uns liegenden Kräften.

Das Erstaunliche dabei ist: Wer sich einer Sache mehrmals aussetzt, wer also mehrmals die gleiche Übung – zum Beispiel als Audio-Training – wiederholt, wird feststellen, dass er das immer Gleiche plötzlich ganz anders erlebt, dass er gänzlich neue Impulse erhält, neue Erfahrungen sammelt. Er wird die Entdeckung machen, dass das auf den ersten Blick scheinbar immer gleiche Training alles andere als langweilig ist, sondern neue Horizonte öffnet. Die dynamisch und aktiv gesprochene Programmierung führt zur Beherrschung des Geistes und ist der Schlüssel zu einem selbstbestimmten und selbstbewussten Leben. Und weil es eine gewisse Zeit braucht, bis eine Programmierung ihre Wirkung entfaltet, ist die Wiederholung das wichtigste Instrument im mentalen Training, denn:

Neue Impulse und Horizonte durch die Wiederholung des Gleichen

> »*Glaube führt zur Tat. Konzentration führt zum Erfolg. Wiederholung führt zur Meisterschaft.*«

Durch regelmäßige Wiederholungen entwickelt jede suggestive Programmierung eine gewaltige Kraft. Je stärker die persönliche Hingabe ist, mit der wir trainieren, desto tiefer sickert die Programmierung in uns hinein. So wie ein Sportler den Muskelaufbau optimieren kann, indem er sich ganz auf die trainierten Muskelgruppen konzentriert, so kann jeder das Training seiner unbewussten Kräfte durch die Konzentration auf die Suggestion noch vertiefen. Wir können damit unsere Unbeweglichkeit überwinden und neue Wachstumsreize setzen, negative Gewohnheiten überwinden und unsere inneren Kräfte entfalten.

1. Erst durch Wiederholung wird Wissen verdaut und damit zum praktischen Handeln.
2. Das persönliche Können nimmt zu. Mit der gleichen Energie werden immer größere Mengen der gleichen Arbeit bewältigt.
3. Die einzelnen Abläufe werden immer besser synchronisiert.
4. Das Niveau unserer Leistung verbessert sich qualitativ.
5. Jede Wiederholung setzt Energien frei, die sich aus Gedankenblitzen äußern. Es entwickelt sich Kreativität.
6. Das Fingerspitzengefühl entwickelt sich. Das Unterbewusstsein arbeitet immer präziser. Das Anpassungsvermögen wächst.
7. Der Mensch entwickelt eine hohe Beherrschung seiner Fähigkeiten. Sicherheit und Überzeugungskraft wachsen.

Wünschen, planen, wagen, siegen: In 9 Schritten zum Lebenserfolg

Vielleicht haben Sie durch die Lektüre dieses Buches erkannt: Alles, was Sie wünschen, können Sie auch erreichen. Alles, was Sie dazu benötigen, ist ein Plan, der Sie zu Ihrem Ziel führt. Ein systematischer *Plan für Ihren Lebenserfolg* kann zum Beispiel wie folgt aussehen:

1. Die Grundsätze meines Lebens

Legen Sie ein Heft an, eine Art Tagebuch oder auch ein großes Plakat und schreiben Sie alles auf, was für Sie in diesem
Leben wichtig ist. Notieren Sie Ihre persönlichen Prinzipien,
Ihre Grundüberzeugungen, Ihre Richtlinien für Ihr berufliches
und privates Leben.

2. Woran ich glaube

Glauben Sie an Gott, an den Zufall, an die Macht der Sterne?
Glauben Sie daran, dass Sie Ihr Schicksal beeinflussen können oder daran, dass Sie ihm ausgeliefert sind? Schreiben
Sie auf die nächste Seite, in die nächste Rubrik Ihres Lebens-
plans, woran Sie glauben im Leben.

3. Erfahrungen und Konsequenzen meiner Vergangenheit

Ihre Vergangenheit bestimmt Ihre Zukunft. Schreiben Sie auf,
was, wer und welche Erfahrungen in Ihrer Vergangenheit Sie
selbst und Ihr Leben nachhaltig beeinflusst haben. Nur wenn
Sie wirklich wissen, was Sie beeinflusst und geprägt hat
– positiv und negativ –, können Sie darauf aufbauen oder
gegebenenfalls Blockladen auflösen und gegensteuern.

4. Kann ich meinem Schicksal dankbar sein?

Überlegen Sie, für welche Ihrer Erfahrungen und Erlebnisse
im Leben Sie Dankbarkeit empfinden können oder sogar
müssten und warum. Das müssen nicht nur positive Erlebnisse sein, auch negative Erfahrungen können positive Impulse
auslösen und auf den richtigen Weg führen. Es gibt viele
Gründe, seinem Schicksal dankbar zu sein. Schreiben Sie
mindestens drei auf.

5. Warum bin ich bedeutsam?

Jeder Mensch ist einzigartig. Und jeder verfügt über etwas, was ihn von anderen unterscheidet. Denken Sie intensiv darüber nach, was das Besondere an Ihnen ist, was Sie von der Masse abhebt, warum und für welche Menschen Sie bedeutsam sein könnten – und schreiben Sie die Argumente auf.

6. Meine Wünsche

Es gibt keine großen Menschen, sondern Menschen mit großen Träumen. Wünsche spiegeln Ihren inneren Reichtum wider. Schreiben Sie deshalb alle Ihre Wünsche auf, die wichtigen und die kleinen Wünsche, die erfüllbaren und die unerfüllbaren. Ihre Wünsche offenbaren Ihr Potenzial. Wer nicht weiß, was er möchte, ist zudem leichter manipulierbar. Wünsche weisen uns den Weg, denn was der Mensch sich wünschen kann, liegt im Bereich seiner Möglichkeiten und führt zur Selbsterkenntnis.

7. Meine wichtigsten Ziele – meine Lebensaufgabe

Was wollen Sie in fünf Jahren erreicht haben? Wo möchten Sie in zehn Jahren stehen? Setzen Sie sich Ihre Ziele: beruflich, privat, familiär, gesundheitlich, kulturell … und legen Sie am Ende Ihrer Liste Ihre ganz große Lebensaufgabe fest, Ihr größtes und wichtigstes Ziel, dass Sie in spätestens zehn Jahren erreicht haben möchten. Zielklarheit ist das Geheimnis der Konzentration. Jetzt, wo Sie wissen, was Ihre Ziele sind, wird Ihr Unterbewusstsein Sie dabei unterstützen, dass Sie Ihr großes Ziel Schritt für Schritt erreichen. Wichtig: Formulieren Sie nicht nur Ziele, sondern persönlichkeitsgerechte Ziele. Ihre Ziele müssen zu Ihnen passen und von Ihnen auch erreicht werden können.

8. Meine Fähigkeiten, die mich zu meinem Ziel führen

Um große Ziele erreichen zu können, brauchen Sie besondere Fähigkeiten. Alles ist in Ihnen – Sie müssen es nur entdecken. Schreiben Sie alle Ihre besonderen Talente, Fähigkeiten und Qualifikationen auf. Schreiben Sie zu jeder Fähigkeit auf, wie genau diese Fähigkeit bei der Verwirklichung Ihrer Ziele helfen könnte. Sie können auch Fähigkeiten hinzufügen, die Sie sich aneignen möchten, um zu Ihrem Ziel zu gelangen. Schreiben Sie auf, was genau Sie in den nächsten Tagen und Wochen unternehmen werden, um sich Ihre zielführenden Fähigkeiten anzueignen.

9. Mein nächstes Ziel

Wer seine Ziele klar formulieren kann, der wird sie auch erreichen. Schreiben Sie deshalb so exakt wie möglich auf, was das nächste Ziel ist, das Sie erreichen möchten und was Sie bis zu einem exakt festgelegten Datum erreicht haben möchten. Legen Sie Schritt für Schritt fest, wie Sie dabei vorgehen werden, was Sie auf keinen Fall erreichen möchten und was Sie als Erstes tun werden, um Ihr Ziel anzugehen. Legen Sie fest, wen Sie mit ins Boot nehmen, wen Sie um Unterstützung bitten, welche Verhandlungen Sie wie und mit wem führen möchten. Legen Sie jeden Schritt fest und planen Sie konkret alle Zwischenetappen. Kalkulieren Sie auch Störungen und Rückschläge ein und bereiten Sie sich mit klaren Lösungen darauf so gut wie möglich vor.

Fazit: Je präziser Sie planen, desto sicherer ist es, dass Sie Ihre Ziele auch erreichen – und zwar exakt in dem Zeitrahmen, den Sie selbst herausgearbeitet und festgelegt haben.

5. Erfolg als Verpflichtung

Die Erfolgs-Seminare: Mit sich selbst und anderen erfolgreich umgehen

Unsere Seminare haben viele Nachahmer gefunden. Für uns ein Zeichen, dass die Philosophie des erfolgreichen Wegs auf einer soliden Grundlage steht. Jedes einzelne Seminar ist für sich ein intensives Erlebnis, das auch Ihr Leben bereichern wird. Das Herzstück der Erfolgsphilosophie ist das einwöchige Intensiv-Seminar »Der erfolgreiche Weg«. In diesem sowohl auf wissenschaftlicher Grundlage aufgebauten als auch an der Praxis orientierten Seminar finden Sie den idealen Einstieg in eine noch erfolgreichere Zukunft. Alle unsere Seminare verfolgen ein großes Ziel: Ihre persönliche Zukunft wirkungsvoll zu gestalten, sodass Sie allen Belastungen gewachsen sind, Ihre einzigartige Persönlichkeit entfalten können und das eigene Leben erfolgreich gestalten.

Der erfolgreiche Weg: Sie können noch mehr Erfolg haben!

Ziele erkennen und managen

Vergessen Sie alles, was Sie bisher über Erfolgsseminare gehört oder gelesen haben! Im Seminar »Der erfolgreiche Weg« entdecken Sie die ungeahnten Möglichkeiten, die Ihnen das Leben bietet. Sie spüren, welche Kräfte in Ihnen schlummern, und lernen, sie optimal zu nutzen. In fünf Schritten trainieren Sie, private und berufliche Ziele zu erkennen und durch systematisches Vorgehen zu managen. In dieser Woche werden Sie ungeahnte Talente in sich entdecken, Stress gezielt abbauen, Ihr Selbstvertrauen steigern und damit eine positive, charismatische Ausstrahlung gewinnen. Sie lernen in diesem Seminar unter anderem:

- Ihre eigenen Wünsche zu bejahen und Wege, wie Sie Ihre Ziele erreichen,
- die bislang nicht ausgeschöpften Potenziale Ihres Gehirns zu aktivieren und zu nutzen,
- wie Sie mehr aus Ihrer Zeit machen können und Ihre Zeit sinnvoll managen,
- wie Sie innere Ruhe und Sicherheit jederzeit und an jedem Ort erreichen können,
- wie Sie Überlegenheit durch Lebens- und Menschenkenntnis gewinnen,
- ein gesundes Selbstvertrauen zu entwickeln,
- wie Sie Ihre Konzentrationsfähigkeit steigern und jederzeit abrufen können,
- Ihren Ideenreichtum und Ihre Intuitionsfähigkeit zu steigern,
- Ihre Arbeitsfreude und seelische Belastbarkeit zu stabilisieren,
- Menschen zu motivieren und zu begeistern,
- was Sie tun müssen, um eine einflussreiche Persönlichkeit zu werden,
- wie Sie die Macht Ihres Unterbewusstseins nutzen können, um Zukunftspläne zu entwickeln, Ziele zu erreichen und noch erfolgreicher zu werden.

Lerninhalte der Erfolgsseminare

Rhetorik & Leadership: Auch Sie können ein »Leader« sein!

Die ganzheitliche Wirkung des Menschen entwickeln

Zum Erfolg gehört, dass Sie Ihre Persönlichkeit wirkungsvoll einsetzen können. Dass Sie ein echter »Leader« sind, der durch sein Charisma und die Kraft seiner Worte andere Menschen überzeugt und mitreißt. In diesem Seminar lernen Sie, mit ruhigem Herzen frei, sicher und wirkungsvoll zu sprechen. Rhetorik, Körpersprache und natürliche Autorität sind unverzichtbare Bausteine für jeden Erfolg. Dabei lässt sich Rhetorik in unserem Sinne nicht auf das gesprochene Wort reduzieren, sondern ist als Lehre von der ganzheitlichen Wirkung des Menschen zu verstehen. Zum Reden gehört auch das Charisma der inneren Ruhe. Mithilfe des psychogenen Atemtrainings und der Körpersprache-Analyse spüren die Teilnehmer schon bald, wie ihr Auftreten und Sprechen immer freier und selbstsicherer wird und wie ihre Ausstrahlung Schritt für Schritt wächst. Durch das Entspannungs- und Konzentrationstraining wird die suggestive Wirkung auf andere noch intensiviert. Dieses praxisorientierte Seminar verbessert nachhaltig Ihre berufliche und private Kommunikationsfähigkeit und steigert Ihre Überzeugungskraft.

Mentales Training – Alpha-Training: Neue Energie tanken, Höchstleistungen möglich machen

Mentalpositivismus macht belastbar und konzentriert

Spitzenleistungen sind nicht nur im Profisport ohne mentale Stärke nicht mehr möglich, sondern auch im Beruf. Die Belastungen werden täglich größer, Stress und das gefürchtete Burnout-Syndrom drohen, während gleichzeitig die Anforderungen steigen. Das Zauberwort heißt »Mentalpositivismus«: Ziel ist es, immer belastbarer zu werden und sich ganz auf die eigenen Stärken und Ziele zu konzentrieren. In diesem Seminar lernen Sie, wie Sie sich selbst in den Zustand größtmöglicher Entspannung – den sogenannten »Alpha-Zustand« – versetzen können und Ihr Unterbewusstsein positiv neu programmieren. Durch das mentale Training bringen Sie Harmonie in den Alltag, stärken Ihre Konzentrationskraft und können dadurch Ihre Zielklarheit zu steigern. Ihre innere Ruhe und Ihre Nervenkraft nehmen zu, Sie können Ihre inneren Ressourcen entfalten und Ihre Ziele stressfrei erreichen. Ziel dieses Trainings ist es, mehr Kraft zur Verfügung zu haben, als Sie im Alltag brauchen – Sie leben sozusagen im »Kräfte-Überschuss« und verfügen immer über genügend Potenzial, das Sie jederzeit abrufen können, wenn Sie es benötigen oder wünschen.

Rhetorik & Erfolgsstrategien für Frauen: Erfolg – Macht – Spaß!

Mit diesem einzigartigen Training für privaten und beruflichen Erfolg wendet sich Dr. Claudia E. Enkelmann speziell an Frauen. Nie zuvor in der Geschichte haben Frauen so viele Chancen und Freiheiten gehabt wie heute. Jetzt kommt es für sie darauf an, ihre persönlichen Stärken und Möglichkeiten zu erkennen und zu nutzen. In diesem Seminar lernen Frauen, sich selbst ins richtige Licht zu setzen, ihre Wünsche zu verwirklichen und ihre Ziele zu erreichen. Sie erfahren nicht nur, wie sie im Leben Glück, Liebe und Erfolg finden, sondern lernen auch wirkungsvolle Strategien kennen, wie sie Partnerschaft, Kinder und Karriere erfolgreich verwirklichen können. Dieses Seminar vermittelt weibliches Selbstbewusstsein und zeigt, wie frau es schafft, sich »weich« durchzusetzen, und dabei noch erfolgreicher wird. Darüber hinaus trainieren Sie den Weg zu innerer Ruhe und positiver Ausstrahlung. Ein Seminar, mit dem Dr. Claudia E. Enkelmann Frauen Mut macht, selbstbewusst ihren eigenen Weg zu gehen.

Frauenspezifisch ausgerichtetes Erfolgstraining

Unschlagbare Partnerschaften: Sie können noch glücklicher sein!

Das Geheimnis erfolgreicher Beziehungen lüften

Der Wunsch nach einer glücklichen, erfüllten Partnerschaft steht bei den meisten Menschen an erster Stelle. Dr. Claudia E. Enkelmann zeigt in diesem Partnerschaftsseminar den wirkungsvollen Umgang mit dem anderen Geschlecht auf und verrät das Geheimnis erfolgreicher Beziehungen mit dem Ziel, ein besseres Verständnis zwischen den Geschlechtern herzustellen. Anhand der Unterschiede etwa in den Kommunikationsmustern lernen Frauen, die Gefühle und Handlungsweisen ihres Partners besser zu verstehen und über positive Konfliktlösungen Streitigkeiten zu umgehen und die Partnerschaft zu stabilisieren.

Hypnose-Seminar: Die heilende Kraft aus dem Unterbewusstsein

Hypnose öffnet das Tor zum Unterbewusstsein – in Hypnose wird der Mensch beeinflussbar. Darum verwendet man die heilende Kraft aus dem Unterbewusstsein seit Jahrtausenden, um Schmerzen zu lindern und sogar Operationen schmerzfrei durchzuführen. Immer mehr Ärzte, Zahnärzte und Heilpraktiker entdecken die Vorteile dieser Methode und wollen sie in ihrer beruflichen Praxis zur schonenden Unterstützung bei Behandlungen anwenden. In diesem Seminar lernen die Teilnehmer die Grundlagen der Hypnose kennen und erfahren, wie sie ihre suggestiven Kräfte entwickeln und gezielt einsetzen können, um mit der heilsamen Wirkung der Hypnose ihren Patienten noch effektiver helfen zu können.

Ein Motivations-Seminar bei Nikolaus B. Enkelmann

von Thomas Rückerl

Bereits wenige Minuten nach Seminarbeginn wird deutlich, dass Nikolaus B. Enkelmann nicht nur über rhetorische Fähigkeiten verfügt, sondern es auch versteht, seine Zuhörer emotional zu erreichen. Er ermutigt die Teilnehmer, über den eigenen Schatten zu springen und wichtige Ziele in Angriff zu nehmen, so wird der Prozess des persönlichen Wachstums eröffnet. In seinem Vortrag setzt er seine Stimme als Instrument sehr gezielt ein und spielt von Anfang an mit offenen Karten: Er ist gekommen, um ein großartiges Seminar zu geben, und er legt großen Wert auf einen effektiven Transfer seines Wissens – er möchte eine Win-win-Situation erzeugen.

Wissensvermittlung in einer Win-win-Situation

Natürlich weiß er, dass der wahre Erfolg seiner Arbeit aus dem zukünftigen Erfolg seiner Teilnehmer resultiert, und betont die ethische Verantwortung des Erfolgs: »Ich möchte, dass es Ihnen gut geht. Nur wenn es Ihnen gut geht, haben Sie Lust, anderen zu helfen. Nur wenn es Ihnen gut geht, sind Sie motiviert, diese Welt ein Stück schöner zu machen, anderen einen Gefallen zu tun, Nächstenliebe zu praktizieren, Geld zu spenden, Arbeitsplätze zu schaffen! Nur wenn es Ihnen gut geht, kann es auch Ihrem sozialen Umfeld gut gehen.«

Der Magier aus Königstein hat sichtlich Spaß daran, die neurologischen Netzwerke im Gehirn seiner Zuhörer mit konfrontativem Humor zu hinterfragen und sie dann um neue, Erfolg versprechende Bahnen zu erweitern. Er verankert seine hypnotischen Interventionen durch eine Vielzahl magischer Manöver. Beispielsweise wechselt er Stimmklang und Wortwahl sehr präzise und verknüpft die verschiedenen Bewusstseinszustände seiner Teilnehmer mit dem Tonfall seiner

»Magische« Manöver verankern die Botschaften

Stimme. So kann er das Publikum im Laufe des Seminars immer leichter in Trance führen. Dabei bedient er sich der »Milton-Sprache«, einer Reihe hypnotischer Sprachmuster. Das »Modeling« ist ein weiteres wichtiges Werkzeug der Neurolinguistischen Programmierung (NLP), das auch im Repertoire von Enkelmann eine große Rolle spielt. Darüber hinaus hat er mit dem Alpha-Training eine neue und außerordentlich wirksame Form der Tiefenentspannung entwickelt. Sein Wissen um die Kunst der Entspannung setzt er ein, um die Seminarteilnehmer in den »Alpha-Zustand« zu führen und sie dort in Kontakt mit der aktiven Gestaltung ihrer Zukunft zu bringen.

Über den Alpha-Zustand zur geistigen Freiheit

Als Marionettenspieler auf der Meta-Ebene zeigt er Wege in die geistige Freiheit: »Gewohnheiten entscheiden über das Schicksal des Menschen! Sie brauchen nützliche Gewohnheiten, um Ihre Existenz positiv zu gestalten.« Immer wieder würzt er seine Ausführungen mit ermutigenden Botschaften: »Werden Sie Meister in der Kunst, Ihr eigenes Unterbewusstsein zu beeinflussen – lernen Sie, Ihre Lebensführung gezielt zu steuern!« Eine klare evolutions-psychologische Orientierung: »Nur die freie Entscheidung kann als das Ziel unserer geistigen Evolution akzeptiert werden!« Der Weg führt über den Alpha-Zustand: »Im Zustand der Entspannung wird das menschliche Unbewusste formbar wie Wachs!«

Intensive Botschaften auf multimedialen Frequenzen

Nikolaus B. Enkelmann verfügt über einen enormen Fundus an Wissen. Einen ausgewählten Teil dieses Fundus kommuniziert er mithilfe des Alpha-Zustands direkt in das Unterbewusstsein seiner Teilnehmer. Aufgrund solch brillanter didaktischer Manöver können viele Menschen im Publikum sehr effektiv an der wertvollen Lebenserfahrung des großen Psychologen teilhaben. Sein Publikum erreicht Enkelmann auf allen wichtigen Sinneskanälen: Durch Videos, hypnotische Bilder, charismatische Stimmführung, eine ausgefeilte Technik im Umgang mit dem Mikrofon, Toningenieure und eine beeindruckende kinästhetische Präsenz sorgen für intensive Botschaften auf multimedialen Frequenzen – sinnliche Intelligenz in Aktion!

Thomas Rückerl ist Diplom-Psychologe, DVNLP-Lehrtrainer, Management-Coach und Autor von psychologischen Fachbüchern.

Das »System Enkelmann«

von Markus Heinze

Die erste Begegnung mit Nikolaus B. Enkelmann fand am Ostermontag 2001 in Stromberg/Oberpfalz statt. Ich gebe offen zu, dass es zwischen uns keine »Liebe auf den ersten Blick« war. Wenn man als Mensch Anfang bis Mitte 30, dazu noch als Trainer in der Erwachsenbildung, in einem Seminar zu hören bekommt, dass man mitschreiben soll, dass man Texte, sogenannte Autosuggestionen, auswendig lernen soll oder dass man öffentlich seine persönlichen Ziele vortragen soll, dann stößt dieses nicht unbedingt auf uneingeschränkte Zustimmung. Und wenn man dann noch zusätzlich bei kritischen Gegenfragen im Seminar – im Sauerland würde man sagen: – »abgebügelt« wird, entwickelt sich doch ein gewisser Unmut über die Lehrmethoden und den Lehrer.

Als Fußballer, Marathonläufer und Triathlet habe ich gelernt, mit Rückschlägen und Fouls umzugehen. Vor allen Dingen lernt man im Sport, dass nach schlechten Phasen, nach körperlichen Tiefpunkten wundersamerweise gute Phasen mit der Freisetzung von neuen Kräften folgen. Aber in erster Linie lernt man, dranzubleiben und nicht zu früh aufzugeben. Und so besuchte ich ein Enkelmann-Seminar nach dem anderen. Je mehr ich an Rhetorik-Seminaren, am mentalen

Holpriger Start? Dranbleiben! Nicht aufgeben!

Training oder am erfolgreichen Weg teilgenommen hatte, desto mehr wurde das »System Enkelmann« mein eigenes, persönliches Erfolgsmodell.

Ich gebe zu, dass ich die 14 Grundgesetze der Lebensentfaltung nicht auswendig kann, dass mein Glückstagebuch größere Eintragungslücken aufweist und dass ich auch nicht mehr jedes Jahr zwei Enkelmann-Seminare besuche. Ich habe es auch bis heute vermieden, mit der Hypnosetechnik zu arbeiten, obwohl mich dieser Seminarteil bei jedem Enkelmann-Besuch tief beeindruckt. Aber für meine berufliche Tätigkeit, für einen Großteil meines Privatlebens, für meine Einstellungen und meine Verhaltensmuster ist Nikolaus B. Enkelmann Vorbild, Mentor, Motivator und Antriebsfeder in einem. Ich wäre stolz, wenn ich die gleiche Power, Vitalität und Begeisterungsfähigkeit bei meinen Schulungsteilnehmern in etwa 30 Jahren entflammen könnte, wie er es heute noch schafft.

Vier Kernpunkte Je länger ich über die Wirkung des Enkelmann-Systems auf meine Person nachdenke, desto mehr komme ich zu der Erkenntnis, dass ich damit ein ganzes Buch füllen könnte. Da mir aber nur ein Kapitel zur Verfügung steht, will und muss ich mich an dieser Stelle auf *vier wesentliche Säulen* beschränken:

1. Den Willen
2. Die Konzentration
3. Das Training und die Macht der Wiederholung
4. Die Fähigkeit zu sprechen

1. Der Wille

Bei Nikolaus B. Enkelmann ist mir sehr klar geworden, dass viele gute Leute aufgrund ihrer herausragenden Leistungen in höhere Führungspositionen gekommen sind, es aber eigentlich gar nicht wollten. Hier ist der entscheidende Punkt im Leben eines Menschen: Jeder Mensch sollte den Augenblick in seiner Entwicklung festhalten, in dem er den Entschluss gefasst hat: Jetzt will ich erfolgreich sein, jetzt beginnt mein erfolgreiches Leben. Der Wille zum Erfolg ist die Grundvoraussetzung für eine positive Lebensführung.

In meinen Seminaren rate ich den Teilnehmern immer, dass sie diesen Augenblick hüten sollen wie der Multimilliardär Dagobert Duck von Walt Disney seinen ersten verdienten Taler. Dieser Taler als Symbol des Willens lässt die Comicfigur am Ende in Goldtalern baden. Ein Mensch mit einem ausgeprägten Willen könnte in Erfolgserlebnissen schwimmen.

Ihr Wille kann Sie in Erfolgserlebnissen schwimmen lassen

2. Die Konzentration

Der Tod des Erfolgs ist die Verführung durch die Vielfalt. Das Teufelswort heißt »interessant«. In unserer heutigen schnelllebigen, vielfältigen Zeit können wir viele Dinge gleichzeitig tun, weil sie interessant sind. Wir merken in dieser bunten Welt gar nicht, dass wir dabei nichts richtig gut tun. Dass wir auf keinem Gebiet die Nummer 1 sind, weil wir unsere Kräfte nicht bündeln.

Ich selbst war in meiner Jugend im Sauerland ein sehr guter Fußballspieler. Meine Freunde spielten alle Tennis und später betrieben sie Windsurfen. Also spielte ich auch Tennis und fing an zu surfen, auf Kosten des Fußballs. Und so kam es, dass mich viele weniger talentierte Spieler einholten und später überholten, da sie sich ausschließlich auf den Fußball

Konzentrieren Sie sich auf das, was Sie am besten können

konzentrierten. Ich kann an dieser Stelle nur raten: Stellen Sie früh fest, was Sie am besten können. Wo liegen Ihre Stärken, worin besteht Ihre Individualität? Konzentrieren Sie darauf Ihre Kraft und Energie und werden Sie so auf einem Gebiet einzigartig erfolgreich.

Machen Sie es ganz einfach wie Tiger Woods, dem nach wie vor bestbezahlten Golfer der Welt, der einmal sagte: »Es ist so einfach für mich, erfolgreich zu sein, ich muss nur einen Schlag besser sein als die anderen!«

3. Das Training und die Macht der Wiederholung

In der Biografie des österreichischen Ski-Heros Hermann Maier, *Das Rennen meines Lebens!,* las ich, dass er bereits stolze 26 Jahre alt war, als er in die österreichische Ski-Nationalmannschaft aufgenommen wurde. Er war in Sportlerjahren gemessen ein »alter Sack«, bevor er Weltklasse wurde. Wenn ich jetzt davon ausgehe, dass jeder österreichische Bub anfängt Ski zu laufen, wenn er einigermaßen stehen kann, dann hat Hermann Maier fast ein Vierteljahrhundert trainiert, um an die Spitze zu kommen. Ich denke, in dieser Zeit sind Tausende von Trainingskilometern auf seinem Heimatberg in Flachau zusammengekommen. Die einstige Hermann-Maier-Trainingsstrecke kann man übrigens heute noch als Skitourist abfahren – auf den Spuren des »Denkmals« sozusagen.

Mit Training erreichen Sie alles Durch Training, durch Wiederholung kann man alles lernen. Vielleicht kommt man damit nicht an die Weltspitze, trotzdem sollte man sich immer an den Besten und Erfolgreichsten orientieren. Denn die wissen, wie man Erfolg hat. Viele warten immer auf den Zufall, auf den Lottogewinn, auf das einzige, überragende Erfolgserlebnis, das ihnen in den Schoß fallen soll, ohne selbst handeln zu müssen. Deshalb lautet das

Motto unserer firmeninternen Seminare schlicht und einfach: Tu es! Denn Erfolg ist eine Sache des Handelns und weniger des Könnens.

4. Die Fähigkeit zu sprechen

Nichts anderes hat mir persönlich im Leben so geholfen wie die Verbesserung meiner Rhetorik. Es ist ein tolles Gefühl, wenn auf einem Seminar noch nach Stunden die Teilnehmer an den eigenen Lippen kleben, weil man die Fähigkeit besitzt, komplexe Zusammenhänge einfach, strukturiert und motivierend darzustellen.

Ich persönlich bin Marathons in Hamburg, Berlin und New York gelaufen und kann mit fester Überzeugung sagen, dass ein Lauf über 42 195 Meter – ohne Übernachtung – eine große Leistung für einen Menschen ist. Dabei ist auch die Zeit für die meisten nur zweitrangig, zumal die afrikanischen Wunderläufer nur schwer zu schlagen sind. Es ist für mich aber eine Kunst, andere Menschen dazu zu bringen, einen Marathon zu laufen. Mittlerweile haben mir zehn Menschen in meiner Umgebung bestätigt, dass sie aufgrund meiner Erzählungen, aufgrund meiner begeisternden Geschichten über den Marathon, selbst einen Marathon gelaufen sind. Ein langweiliger, monoton sprechender und sprachlich wenig emotionaler Redner würde diese Ergebnisse schwerer oder gar nicht erreichen.

Die Umsetzung, die Weiterentwicklung und Veredelung dieser vier Säulen des Erfolgs haben meine persönliche Entwicklung erst richtig erfolgreich gemacht. Reden konnte ich eigentlich immer schon, heute kann ich durch Ausstrahlung begeistern. Und noch etwas ist eingetroffen, das mir Nikolaus B. Enkelmann vor vielen Jahren persönlich versprochen hat: Keiner von uns ist von seiner Methode abhängig gewor-

Essenziell: Die Verbesserung der Rhetorik

den. Die Individualität und Entscheidungsfreiheit des Einzelnen ist und bleibt ein starker Erfolgsfaktor.

Markus Heinze, 45, ist Diplom-Kaufmann und als Leiter der Aus- und Weiterbildung und Personalentwicklung des erfolgreichsten Großbäckers in Deutschland tätig.

Die 20 wertvollsten Erfolgstipps für meine Enkel

1. Vergiss nie: Du bist wichtig!

2. Erkenne deinen Traum!

3. Triff eine Entscheidung!

4. Lass dich nicht entmutigen!

5. Akzeptiere das Negative, aber konzentriere dich auf das Positive!

6. Suche dir große Vorbilder!

7. Lies viele Biografien über erfolgreiche Menschen!

8. Werde ein Meister der Selbstmotivation!

9. Finde heraus, welche Probleme du lösen möchtest!

10. Lerne, dich zu spezialisieren!

11. Entwickle deine Kontaktfähigkeit!

12. Lerne die Besten kennen!

13. Trainiere dein Namensgedächtnis!

14. Vergiss nie, dass andere dich erfolgreich machen!

15. Nutze dein Zauberwort: »Bitte helfen Sie mir!«

16. Verzweifle nicht an Misserfolgen, denn Misserfolge sind kein Zeichen von Minderwertigkeit!

17. Mache Ausdauer zu einer deiner wertvollsten Fähigkeiten!

18. Mache immer das Gleiche, aber das Gleiche immer besser!

19. Vergiss nie, dass jeder ein Genie werden kann!

20. Sei dankbar, denn Dankbarkeit zieht Glück in dein Leben!

Literatur

Arndt, Roland: *Erfolg nach eigener Regie*. Regensburg 2001

Coué, Émile: *Autosuggestion: Die Kraft der Selbstbeeinflussung durch positives Denken*. Zürich 2004

Enkelmann, Nikolaus B. / Böttcher, Gabi: *Die Formel des Erfolgs*. München 1994

Epikur: *Wege zum Glück*. Mannheim 2005

Frankl, Victor E.: *… trotzdem Ja zum Leben sagen*. München 1998

Frankl, Victor E.: *Der Mensch vor der Frage nach dem Sinn*. München 2008

Großmann, Gustav: *Das Privileg der Begabung verwerten*. München 1958

Großmann, Gustav: *Die Grossmann-Methode*. München 1960

Großmann, Gustav: *Sich selbst rationalisieren*. Grünwald 1962

Großmann, Gustav: *Die Welt der Könner*. Grünwald 1992

Großmann, Gustav: *Sich selbst rationalisieren*. Grünwald 1993

Helmel, Heinrich: *Der bejahende Mensch*. Argenbühl-Eglofstal 1980

Helmel, Heinrich: *Kraftgedanken*. Argenbühl-Eglofstal 1980

Hosenfelder, Malte: *Epikur*. München 2006

Lukas, Elisabeth: *Rendezvous mit dem Leben*. München 2000

Lukas, Elisabeth: *Der Seele Heimat ist der Sinn*. München 2005

Lukas, Elisabeth: *Lehrbuch der Logotherapie*. München 2006

Lukas, Elisabeth: *Heute ist der erste Tag vom Rest deines Lebens.*
  Gütersloh 2007
Lukas, Elisabeth: *Den ersten Schritt tun.* München 2008
Mewes, Wolfgang: *Das Goldene Buch des Berufserfolges.*
  Frankfurt 1958
Müller-Freienfels, Prof. Dr. Richard: *Menschenkenntnis und
  Menschenbehandlung.* Berlin 1957
Schellbach, Oscar: *Mein Erfolgs-System.* Baden-Baden 1960
Schellbach, Oscar: *7 x Lebenskunst.* Baden-Baden 1976
Schmidt, Karl Otto: *Neue Lebensschule,* 1.–26. Wochen-
  lektion. St. Goar 2003
Schmidt, Karl Otto: *Neue Lebensschule,* 27.–52. Wochen-
  lektion. St. Goar 2003
Schmidt, Karl Otto: *Neue Lebensschule,* Ergänzungsband.
  St. Goar 2003
Schuller, Dr. Robert H.: *Erfolg kennt keine Grenzen.*
  München 1993
Schuller, Dr. Robert H.: *My Journey.* New York 2002
Schuller, Dr. Robert H.: *Don't Throw Away Tomorrow.* New
  York 2005
Schuller, Dr. Robert H.: *Entdecke deine Möglichkeiten – und
  lebe sie.* Augsburg 2009
Seiwert, Prof. Dr. Lothar J.: *Die Bären-Strategie.* München
  2005
Seiwert, Prof. Dr. Lothar J.: *Wenn du es eilig hast, gehe
  langsam.* Frankfurt 2005
Seiwert, Prof. Dr. Lothar J.: *Noch mehr Zeit für das Wesent-
  liche.* München 2006
Seneca: *Vom glückseligen Leben und andere Schriften.* Stuttgart
  1986
Tracy, Brian: *Das Gewinner-Prinzip.* Wiesbaden 1998
Tracy, Brian: *Thinking Big.* Offenbach 1998

Stichwortverzeichnis

Seminare mit
Nikolaus B. Enkelmann

Der Erfolgreiche Weg
das 6-tägige Intensiv-Seminar:

Psychologie des Erfolgs • Zukunftsgestaltung • Optimismus • Erfolgswissen &
Entfaltung der individuellen Persönlichkeit • Die Gesetze der Lebensentfaltung
Praxisnahe Anleitung zu mehr beruflichem & privatem Erfolg
Ressourcen aktivieren & verstärken
Persönliche Lebensträume erkennen & verwirklichen

Mentale Power: Das Alpha-Training
das 2,5-tägige Intensiv-Seminar:

Die Macht des Unterbewusstseins erkennen & nutzen • Das Geheimnis der Sieger
Stärkung der Belastbarkeit • Entspannt nach oben • Innere Ruhe & Gelassenheit
Abbau von Stress & Ängsten • Gezielte Selbstmotivation
Steigerung der Lebensfreude & des Leistungspotenzials
Entdecken Sie Ihre persönliche Genialität!

Rhetorik & Körpersprache
das 2,5-tägige Intensiv-Training:

Die Macht der Sprache • Menschen überzeugen und gewinnen • Sicher und souverän
auftreten • Abbau von Lampenfieber • Die Stimme als Erfolgsorgan
Schwächen- & Stärkenanalyse • Menschenkenntnis & Körpersprache
Gekonnte Verkaufsrhetorik • Aufbau einer wirkungsvollen Rede
Menschenführung & Motivation • Der Schlüssel zur Macht • Rhetorik & Erfolg

ENKELMANN KÖNIGSTEIN
INSTITUT FÜR RHETORIK – MANAGEMENT – ZUKUNFTSGESTALTUNG

Die Erfolgstitel von Nikolaus B. Enkelmann

Das Buch liefert in sehr konzentrierter Form die Erfolgsphilosophie von Nikolaus B. Enkelmann.

Lassen Sie sich zurück auf den richtigen Weg bringen – zu einem erfüllten Leben voller Freude und Glück.

Für alle, die ihrem Leben Schwung und eine positive Ausrichtung geben wollen.

Nikolaus B. Enkelmann
Leben ist eine Kunst
ISBN 978-3-86936-057-7
€ 24,90 (D) / € 25,60 (A) /
sFr 37,90

Ich kann, was ich will
ISBN 978-3-89749-285-1
€ 12,50 (D) / € 12,50 (A) /
sFr 22,50

Wege zur mehr Mut
und Selbstsicherheit
ISBN 978-3-89749-396-4
€ 12,50 (D) / € 12,50 (A) /
sFr 22,50

Schlank und sportlich
ISBN 978-3-89749-400-8
€ 12,50 (D) / € 12,50 (A) /
sFr 22,50

Gesundheit kommt
aus der Seele
ISBN 978-3-89749-492-3
€ 12,50 (D) / € 12,50 (A) /
sFr 22,50

Ein positiver Tag beginnt
ISBN 978-3-89749-286-8
€ 12,50 (D) / € 12,50 (A) /
sFr 22,50

Die unerschöpfliche
Energiequelle
ISBN 978-3-89749-284-4
€ 12,50 (D) / € 12,50 (A) /
sFr 22,50

Weitere Informationen finden Sie unter www.gabal-verlag.de

Business-Bücher für Erfolg und Karriere

GABAL: Ihr „Netzwerk Lernen" – ein Leben lang

Ihr Gabal-Verlag bietet Ihnen Medien für das persönliche Wachstum und Sicherung der Zukunftsfähigkeit von Personen und Organisationen. „GABAL" gibt es auch als Netzwerk für Austausch, Entwicklung und eigene Weiterbildung, unabhängig von den in Training und Beratung eingesetzten Methoden: GABAL, die **G**esellschaft zur Förderung **A**nwendungsorientierter **B**etriebswirtschaft und **A**ktiver **L**ehrmethoden in Hochschule und Praxis e.V. wurde 1976 von Praktikern aus Wirtschaft und Fachhochschule gegründet. Der Gabal-Verlag ist aus dem Verband heraus entstanden. Annähernd 1.000 Trainer und Berater sowie Verantwortliche aus der Personalentwicklung sind derzeit Mitglied.

Die Mitgliedschaft gibt es quasi ab 0 Euro!
Aktive Mitglieder holen sich den Jahresbeitrag über geldwerte Vorteil zu mehr als 100% zurück: Medien-Gutschein und Gratis-Abos, Vorteils-Eintritt bei Veranstaltungen und Fachmessen. **Hier treffen Sie Gleichgesinnte, wann, wo und wie Sie möchten:**

- Internet: Aktuelle Themen der Weiterbildung im Überblick, wichtige Termine immer greifbar, Thesen-Papiere und gesichertes Know-how in form von White-papers gratis abrufen
- Regionalgruppe: auch ganz in Ihrer Nähe finden Treffen und Veranstaltungen von GABAL statt – Menschen und Methoden in Aktion kennen lernen
- Jahres-Symposium: Schnuppern Sie die legendäre „GABAL-Atmosphäre" und diskutieren Sie auch mit „Größen" und „Trendsettern" der Branche.

Über Veröffentlichungen auf der Website (Links, White-papers) steigen Mitglieder „im Ansehen" der Internet-Suchmaschinen.
Neugierig geworden? Informieren Sie sich am besten gleich!

Lernen Sie das Netzwerk Lernen unverbindlich kennen.
Die aktuellen Termine und Themen finden Sie im Web unter **www.gabal.de.**
E-Mail: info@gabal.de.

Telefonisch erreichen Sie uns per 06132.509 50-90.

„Es ist viel passiert, seit Gründung von GABAL: Was 1976 als Paukenschlag begann, ... wirkt weit in die Bildungs-Branche hinein: Nachhaltig Wissen und Können für künftiges Wirken schaffen ..."
(Prof. Dr. Hardy Wagner, Gründer GABAL e.V.)